그리스도교 신앙 원천 **03** Fontes Fidei Christianae

CYPRIANUS
DE OPERE ET ELEEMOSYNIS
DE BONO PATIENTIAE
DE ZELO ET LIVORE

Translated with notes by WONO CHOE
Korean translation copyright © 2018 by Benedict Press, Waegwan, Korea.

그리스도교 신앙 원천 3
선행과 자선
인내의 유익
시기와 질투

2017년 12월 15일 교회 인가
2018년 1월 25일 초판 1쇄
2025년 4월 10일 신판 1쇄

지은이	키프리아누스
역주자	최원오
펴낸이	박현동
펴낸곳	성 베네딕도회 왜관수도원 ⓒ 분도출판사
찍은곳	분도인쇄소

등록	1962년 5월 7일 라15호
주소	04606 서울시 중구 장충단로 188 분도빌딩(분도출판사)
	39889 경북 칠곡군 왜관읍 관문로 61(분도인쇄소)
전화	02-2266-3605(분도출판사) · 054-970-2400(분도인쇄소)
팩스	02-2271-3605(분도출판사) · 054-971-0179(분도인쇄소)
홈페이지	www.bundobook.co.kr

ISBN	978-89-419-2505-7 04230
ISBN	978-89-419-2450-0 (세트)

• 배성우(사도 요한) 님이 한국교부학연구회에 이 책의 출간 재정을 지원하였음을 밝힙니다.
• 저작권법에 의해 한국 내에서 보호를 받는 저작물이므로 무단 전재와 무단 복제를 금합니다.

이 책의 본문 종이는 FSC® 인증을 받은 친환경 용지를 사용했습니다.

키프리아누스

선행과 자선
인내의 유익
시기와 질투

한국교부학연구회
최원오 역주

분도출판사

일러두기

1. 성경 인용은 원칙적으로 『성경』(한국천주교주교회의 2005)을 기준으로 삼았으나, 교부들이 인용한 성경 본문이 『성경』과 차이가 있을 때에는 그리스어나 라틴어 원문을 직역하였다.

2. 성경 본문에 나오는 지명 '유다'는 로마제국의 지방명일 경우 '유대아'로, '유다인'은 '유대인'으로, '유다교'는 '유대교'로 표기했다. 교부 시대의 인명과 지명은 『교부학 인명ㆍ지명 용례집』(분도출판사 2008)을 따랐다.

3. 작품명은 『교부 문헌 용례집』(수원가톨릭대학교출판부 2014)을 따랐다.

'그리스도교 신앙 원천'을 내면서

"오래고도 새로운 아름다움!"Pulchritudo antiqua et nova!

교회의 스승인 교부敎父들은 성경과 맞닿은 언어와 문화로 주님의 삶과 가르침을 생생하게 느끼며 살았던 신앙의 오랜 증인들이다. 모진 박해와 세상 거짓에 맞서 기꺼이 자신을 불사르며 복음의 진리와 거룩한 삶의 가치를 지켜 낸 성인들이며, 하느님 백성을 섬기고 돌보는 일을 천직으로 여겼던 목자들이다. 교부 문헌이 탄생한 자리는 책상머리가 아니라, 기쁨과 희망, 슬픔과 고뇌로 누벼진 민중의 애달픈 삶의 현장이었다. 그래서 교부들의 많은 가르침은 단순하면서도 감동적이고, 힘이 있으면서도 따뜻하다. 특히 사회 교리나 교회 생활에 관한 탁월한 가르침은 현대 교회에도 끊임없이 새로운 영감을 불어넣어 주는 마르지 않는 샘이다.

"집어서 읽어라!"Tolle lege!

가장 위대한 교부라고 일컬어지는 아우구스티누스는 바오로 서간을 집어서 읽으면서 진리에 눈을 떴고 마침내 회심했다. 다양한 교부 이름과 책 제목들만 빽빽한 각주로 달려 있는 두터운 신학 논문집보다 짤막한 교부 문헌 한 편이 신학 연구와 영성생활에 훨씬 더 유익할 수 있다. 신학의 진정성과 보편성은 원전을 집어서 읽는 데서 비롯하기 때문이다.

고맙게도 분도출판사는 1987년부터 대역본 교부 문헌 총서를 펴내고 있다. 라틴어·그리스어 본문을 우리말 번역과 나란히 싣고 상세한 해제와 주석을 단 혁신적 출판 기획은 우리나라 서양 고전 번역의 새로운 지평을 열었다. 세계적 권위를 지닌 프랑스의 '수르스 크레티엔느'Sources Chrétiennes, 독일의 '폰테스 크리스티아니'Fontes Christiani, 이탈리아의 '누오바 비블리오테카'Nuova Biblioteca 등에 당장 비길 바는 아니겠으나, 교부학 불모지였던 우리나라의 철학과 신학, 인문학과 영성 분야에서 일구어 낸 성과와 공헌이 적지 않다.

그러나 고전어를 직접 번역하고 해제와 주석을 다는 일은 고달프고 더딘 여정일뿐더러, 한정된 전문가들에게 기댈 수밖에 없다는 것이 한국교부학연구회와 분도출판사의 공통된 고민이다. 기존 교부 문헌 총서의 원전 번역을 꾸준히 이어 가면서도 신자들의 삶과 영성에 꼭 필요한 짧고 감동적인 교부 문헌들을 줄기차게 소개하는 일을 병행할 수는 없을까? 대중판 교부 문헌 총서인 '그리스도교 신앙 원천'이 바로 그 해답이요 대안이라고 확신한다.

"원천으로 돌아가자!"Ad fontes!

라틴어나 그리스어 등에서 직접 번역하는 원전 대역은 아닐지라도, 현대어(영어, 프랑스어, 독일어, 이탈리아어, 스페인어 등)로 충실하게 번역된 교부 문헌들 가운데 한국 현실에 꼭 필요한 책 50권을 우선 골라 해마다 다섯 권씩 펴내기로 했다. 신앙과 삶을 일치시켜 줄 수 있는 실천적 주제들(예컨대 '기도와 선행', '부와 가난', '재화의 보편적 목적과 분배 정의', '참회와 자선', '교부들의 생애' 등)을 발굴하고 엄선하기 위해 여러 차례에 걸쳐 간행위원들의 지혜를 모아 냈다. 권위 있는 현대어 번역본을 아름답고 적확한 우리말로 옮겨 낼 빼어난 전문 번역가들의 연대 덕분에 가능했던 기획임을 고백한다. 누구에게나 널리 읽힐 수 있는 '대중판'Vulgata이라는 대전제를 늘 기억하면서 간결하고 명쾌한 우리말 표현을 애써 찾으며 군더더기 해설을 절제할 것이다.

'그리스도교 신앙 원천'은 한국교부학연구회가 분도출판사와 손잡고 추진해 온 '교부들의 성경 주해'(전 29권) 번역 출간의 후속 작업이다. 교부 문헌은 가톨릭과 정교회와 개신교가 함께 보존하고 가꾸어야 할 그리스도교 공동 유산이기에, 원천으로 돌아가기 위한 이 노력들이 영적 일치운동에 꾸준히 이바지하리라 믿는다.

"교회는 늘 새로워져야 한다!"Ecclesia semper reformanda est!
이제 우리는 끝이 보이지 않는 새로운 여정에 첫발을 내딛는다. 끝이 보이지 않아 행복하다. 지난 수십 년 동안 이 땅에 교부들의 씨앗을 묵묵히 뿌려 온 선배들이 그러했듯, 우리도 힘닿는 만큼 교부 문헌을 살뜰히 옮기다 떠나갈 것이다. 밭에 묻혀 있는 보물과도 같은 교부 문헌을 정성스레 캐내어 생명력을 불어넣는 이 가슴 벅찬 일이 끝없이 이어지기를 바라는 마음 간절하다. '그리스도교 신앙 원천'이 책꽂

이에 차곡차곡 꽂혀 갈수록 우리 교회는 더 젊어지고 더 새로워질 것이다. 교부 문헌은 교회 쇄신의 물줄기를 끊임없이 제공하는 그리스도교 신앙의 살아 있는 원천이기 때문이다.

2018년 1월 25일

한국교부학연구회 회장 장인산

차례

—————

Cyprianus
De opere et eleemosynis

키프리아누스
선행과 자선

나약하고 죄스러운 인간

1. 사랑하는 형제 여러분, 하느님의 은혜는 많고도 큽니다. 이 은혜를 통하여 하느님 아버지와 그리스도의 너그럽고 풍성한 자비가 우리 구원을 위해 베풀어졌고 늘 베풀어지고 있습니다. 아버지께서는 구원과 생명이 필요한 우리를 치유하시려고 우리에게 아드님을 보내 주셨고, 파견되신 아드님께서는 우리가 하느님의 자녀가 되게 하시려고 사람의 아들이 되기를 원하셨습니다. 그분께서는 일찍이 쓰러져 있던 백성을 일으키시고자 당신 자신을 낮추셨고, 우리 상처를 치유하시고자 상처를 입으셨으며, 종들에게 자유를 주시려고 종이 되셨고, 죽을 존재들에게 죽지 않음을 선사하시고자 죽음을 겪으셨습니다. 이것이 하느님 자비의 많고도 큰 선물입니다. 그런데도 그분께서는 이미 해방된 인간을 더 오롯이 구원하시기 위해 배려하시니, 그 섭리는 얼마나 위대하고 그 너그러우심은 얼마나 큽니까! 주님께서 오시어 아담이 물려준 상처를 낫게 해 주셨고, 뱀의 묵은 독(참조: 창세 3,4-5; 민수 21,6-9; 요한 3,14-15)을 씻어 주셨습니다. 건강해진 이에게 더 나쁜 일이 일어나지 않도록 더 이상 죄를 짓지 말라는 법과 계명을 주셨습니다(참조: 요한 8,11; 마태 12,45; 루카 11,26).

우리는 죄 없이 살라는 계명에 꼼짝없이 갇혀 있었습니다. 하느님의 사랑은 정의와 자비의 활동을 보여 주시면서 우리를 또다시 도와주시니, 세례를 받은 다음에 저지른 어떠한 죄라도 자선으로 깨끗이 할 수 있는 구원의 길을 열어 두지 않으셨더라면(참조: 요한 14,6; 사도 9,2), 나약하고 허약하고 무능한 인간은 아무것도 할 수 없었을 것입니다.

죄를 없애는 자선과 사랑

2. 성령께서는 성경에서 이렇게 말씀하십니다. "자선과 믿음으로 죄가 깨끗이 씻어진다"(잠언 15,27 칠십인역). 이 죄는 분명 세례 전에 저지른 죄가 아닙니다. 그 죄는 그리스도의 피와 성화聖化로 깨끗해지기 때문입니다. 다시금 똑같이 말씀하십니다. "물이 불을 끄듯 자선은 죄를 없앤다"(집회 3,30 참조). 지옥불이 구원의 물인 세례로 꺼지듯 자선과 사랑의 의로운 행위로써 죄의 불꽃이 사그라진다는 사실이 여기서도 드러나고 증명됩니다. 세례에서는 죄의 용서가 한 번 베풀어지지만, 지속적이고 끊임없는 선행은 세례를 본받아 하느님의 용서를 새롭게 베풀어 줍니다. 주님께서도 복음에서 이러한 사실을 가르쳐 주십니다. 당신 제자들이 먼저 손을

씻지 않고 먹는다고 비난을 받았을 때, 당신께서는 이렇게 대답하셨습니다. "겉에 있는 것을 만드신 분께서 속에 있는 것도 만드셨다. 자선을 베풀어라. 그러면 모든 것이 너희에게 깨끗해질 것이다"(루카 11,40-41 참조). 손을 씻을 것이 아니라 마음을 씻어야 하고, 겉보다는 속에 있는 더러운 것을 벗겨 내야 한다고 가르쳐 주시고 밝혀 주신 것입니다. 사실, 속에 있는 것을 깨끗이 씻은 사람은 겉에 있는 것도 깨끗이 씻은 셈입니다. 정신이 깨끗해지면 피부와 육체도 깨끗해지기 시작하기 때문입니다. 주님께서는 우리가 어떻게 깨끗해지고 정화될 수 있는지 권고하고 알려 주시면서 자선을 행하라는 말씀을 덧붙이셨습니다. 자비로우신 그분께서는 자비를 베풀라고 권고하십니다. 주님께서는 엄청난 대가로 속량하신 이들을 구원하려 애쓰시며, 세례의 은총을 받은 다음에 더러워진 이들이 다시 깨끗해질 수 있다고 가르쳐 주십니다.

세례 후 죄의 용서

3. 그러므로 사랑하는 형제 여러분, 우리 죄를 없애고 깨끗하게 씻어 주는 거룩한 자비의 구원 선물을 생각합시다. 양

심에 아무런 생채기 없이 살아갈 수 없는 우리이니, 영적인 약으로 우리 상처를 보살핍시다. 자신은 결백하다라고 과신한 나머지 상처에 약을 쓸 생각은 하지도 않은 채 깨끗하고 티 없는 마음을 자랑해서는 결코 안 됩니다. 성경에 이렇게 쓰여 있기 때문입니다. "누가 깨끗한 마음을 지니고 있다고 자랑할 것이며, 누가 죄 없이 결백하다고 자랑하랴?"(잠언 20,9 참조). 요한도 자기 서간에서 거듭 밝힙니다. "만일 우리가 죄 없다고 말한다면, 우리는 자신을 속이는 것이고 우리 안에 진리가 없는 것입니다"(1요한 1,8). 아무도 죄 없이 살아갈 수 없습니다. 죄가 없다고 말하는 자는 누구나 교만하거나 멍청합니다. 하느님의 자비가 얼마나 필요하고 풍성한지요! 자비로우신 하느님께서는 세례 받은 뒤 완치된 이들에게도 상처가 없지 않으리라는 사실을 아시고는, 그런 상처를 다시금 치유하고 고칠 수 있는 구원의 약을 주셨습니다.

자선에 관한 성경의 권고

4. 사랑하는 형제 여러분, 주님께서는 구약성경으로든 신약성경으로든 거룩한 권고를 멈추시거나 침묵하지 않으셨으니, 언제 어디서나 자비를 실천하라고 하느님 백성에게 권

고하십니다. 또한 성령의 이끄심과 권고로 하늘 나라에 대한 희망을 품게 된 이들은 자선을 행하라는 명령을 받습니다. 하느님께서는 이사야에게 이렇게 명령하시고 분부하십니다. "용기 있게 소리쳐라, 망설이지 마라. 나팔처럼 네 목소리를 높여라. 내 백성에게 그들의 죄를, 야곱 집안에 그들의 죄악을 알려라"(이사 58,1 참조). 하느님께서 이사야에게 그들의 죄를 꾸짖으라 명하시자 그는 하느님께서 격분하고 계심을 알리며 그들의 죄목을 나열합니다. 그러면서 기도와 청원과 단식으로도 죄를 보속할 수 없고, 자루옷을 입고 먼지 속에 뒹굴더라도 하느님의 노여움을 가라앉힐 수 없다고 합니다. 그러나 마지막 대목에 이르러서는 오직 자선으로만 하느님을 달래 드릴 수 있다면서 이렇게 덧붙입니다. "네 빵을 굶주린 이에게 떼어 주고 집 없는 떠돌이들을 네 집에 맞아들여라. 헐벗은 사람을 보면 입혀 주고, 네 혈육을 외면하지 마라. 그리하면 너의 빛이 때맞춰 터져 나오고, 너의 옷이 곧바로 빛나리라. 의로움이 너를 앞서가고, 하느님의 영광이 너를 휘감으리라. 그때 네가 부르면 하느님께서 너에게 대답해 주실 것이다. 네가 말씀드리기만 하면 '나 여기 있다' 하고 말씀해 주시리라"(이사 58,7-9 참조).

선행과 자선

죽음에서 구해 주는 자선

5. 하느님께 속죄하는 약이 무엇인지 하느님의 말씀이 알려 줍니다. 거룩한 가르침은 죄인들이 무엇을 해야 하는지 깨우쳐 주었습니다. 의로운 행위로 하느님을 만족시켜 드리고 자비의 공로로 죄를 씻는 것입니다. 우리는 솔로몬의 책에서 이런 말씀을 읽습니다. "가난한 이의 마음에 자선을 쌓아 두어라. 그러면 이것이 모든 악에서 너를 구해 달라고 기도할 것이다"(집회 29,12 참조). 또 이렇게도 말합니다. "힘없는 사람의 울부짖음을 듣지 않으려고 귀를 막는 자는 그 자신이 하느님을 부를 때에 그의 소리를 들어주는 이가 없을 것이다"(잠언 21,13 참조). 스스로 자비롭지 않은 자는 하느님의 자비를 입을 수 없을 것입니다. 가난한 이의 간청에도 인간답게 처신하지 않은 자는 기도를 해도 하느님의 호의를 결코 얻지 못할 것입니다. 성령께서는 시편에서 이렇게 분명히 말씀하십니다. "행복하여라, 가련하고 가난한 이를 생각해 주는 이, 불행의 날에 하느님께서 그를 구하시리라"(시편 41,2 참조). 이 가르침을 기억한 다니엘은 불길한 꿈에 놀란 네부카드네자르 임금이 걱정하고 있을 때, 악을 멀리하고 하느님의 도움을 얻을 수 있는 약을 알려 주면서 이렇게 말했

습니다. "그러니 임금님, 저의 조언이 당신 마음에 들기를 바랍니다. 자선으로 죄를 벗으시고, 가난한 이에게 자비를 베푸시어 불의를 벗으십시오. 그리하면 하느님께서 당신 죄를 참아 주실 것입니다"(다니 4,24 참조). 다니엘의 말을 따르지 않은 임금은 꿈에서 본 불행과 파멸을 겪었습니다. 자선으로써 자기 죄를 벗었더라면 벗어나고 피할 수 있었던 것들입니다. 라파엘 천사도 똑같은 것을 증언하며, 기꺼운 마음으로 너그럽게 자선을 베풀라고 권고하면서 이렇게 말합니다. "단식과 자선과 함께하는 기도는 좋다. 자선은 죽음에서 구해 주고 죄 자체를 씻어 주기 때문이다"(토빗 12,8-9 참조). 자선이 동반되지 않으면 우리의 기도와 단식은 별 소용 없다는 사실을 보여 주는 말입니다. 실천과 선행이 충분히 덧붙지 않으면 기도만으로는 구하는 바를 제대로 얻지 못합니다. 우리 기도는 자선으로 효력을 지니게 되고, 자선으로써 생명을 위험에서 구하고, 자선으로써 영혼을 죽음에서 벗어나게 한다고 천사는 계시하고 밝히고 확증해 줍니다.

사도들의 증언

6. 사랑하는 형제 여러분, 라파엘 천사가 말한 것을 복음 진

리로 검증하지 않은 채 얼버무리지는 않겠습니다. 이 사실에 대한 믿음직한 이야기가 사도행전에 들어 있습니다. 실제로 일어난 일에 대한 증언으로 전해지는 바에 따르면, 자선은 영혼을 두 번째 죽음만 아니라 첫 번째 죽음에서도 구해 준다고 합니다(사도 9,36-43 참조). 의로운 자선 행위에 매우 헌신적이었던 타비타가 병들어 죽었을 때, 베드로는 숨을 거둔 시신 곁에 불려 왔습니다. 베드로가 사도다운 인정人情에 이끌려 서둘러 갔을 때, 과부들은 그를 둘러싼 채 울며 애원하면서 자신들이 전에 타비타에게 받았던 겉옷과 속옷들을 모두 보여 주었습니다. 그 과부들은 죽은 이를 위해 자신들의 목소리가 아니라 타비타가 한 일을 통해 애원했습니다(사도 9,39 참조). 베드로는 그들이 청한 것을 얻을 수 있을 것이며, 애원하는 과부들에게 그리스도의 도움이 없지 않으리라고 직감했습니다. 왜냐하면 과부들 안에서 그분 몸소 옷을 입으셨기 때문입니다. 베드로는 무릎을 꿇고 기도를 드렸고, 자신이 부탁받은 기도를 과부들과 가난한 이들의 가장 좋은 변호자이신 주님께 드린 다음, 이미 씻어서 탁자 위에 눕혀 둔 시신 쪽으로 돌아서서, "타비타, 예수 그리스도의 이름으로 일어나시오"(사도 9,40 참조) 하고 말했습니다. 당신 이름으로 청하는 것은 무엇이든 주시겠노라고(요한 16,23 참조) 복음에서 말씀하신 분께서 베드로에게 즉시 도움을 주지 않으실 리는 결코 없었습니다. 죽음이 미루어지고, 혼이 돌아왔으며, 모든 이가 경탄하며 놀라워했고, 되살아난 육체는 세상의 이 빛 속에서 또다시 생기를 띠었습니다. 자비의 덕행은 얼마나 힘이 있고, 의로운 행위는 얼마나 가치 있습니까! 궁핍한 과부들이 살아갈 수 있도록 도움을 베푼 여인이 과부들의 청원으로 다시 생명으로 부름 받는 복을 누렸습니다.

하늘에 쌓는 보화

7. 그러므로 우리 인생의 스승이시며 영원한 구원의 교사이신 주님께서 믿는 이들의 백성을 살리시고 살아난 이들을 영원히 보살피시고자, 당신의 거룩한 명령과 천상 계명 가운데 자선을 베풀고 지상 소유물에 매달리지 말고 하늘에 보물을 쌓으라는 말씀보다 더 자주 권고하신 말씀은 아무것도 없습니다. "너희는 가진 것을 팔아 자선을 베풀어라"(루카 12,33 참조) 하고 말씀하십니다. 그리고 또 이렇게 말씀하십니다. "너희는 자신을 위하여 보물을 땅 위에 쌓아 두지 마라. 거기에서는 좀과 녹이 망가뜨리고 도둑들이 뚫고 들어와 훔

쳐 간다. 그러므로 너희는 자신을 위하여 하늘에 보물을 쌓아라. 거기에서는 좀도 녹도 망가뜨리지 못하고, 도둑들이 뚫고 들어오지도 못하며 훔쳐 가지도 못한다. 사실 너의 보물이 있는 곳에 너의 마음도 있다"(마태 6,19-21 참조). 그분께서는 율법을 지킴으로써 완전해지고 완성되는 길에 관하여 가르쳐 주시고자 이렇게 말씀하십니다. "네가 완전한 사람이 되려거든, 가서 너의 모든 것을 팔아 가난한 이들에게 주어라. 그러면 네가 하늘에서 보물을 차지하게 될 것이다. 그리고 와서 나를 따라라"(마태 19,21 참조). 다른 곳에서도 비슷한 말씀을 하시는데, 천상 은총을 마련하고 영원한 구원을 사들이려는 사람은 자기 전 재산을 팔아 값진 진주, 곧 그리스도의 피의 대가인 영원한 생명을 사야 한다는 것입니다. "하늘 나라는 좋은 진주를 찾는 상인과 같다. 그는 값진 진주를 발견하자, 가서 가진 것을 모두 처분하여 그것을 샀다"(마태 13,45-46 참조).

자캐오의 자선

8. 마침내 주님께서는 가난한 이들을 돕고 보살피는 데 열성적인 사람들을 아브라함의 자손이라고도 부르십니다. 자캐

오가 "보십시오. 제 재산의 반을 가난한 이들에게 주겠습니다. 그리고 제가 다른 사람 것을 횡령하였다면 네 곱절로 갚겠습니다"라고 말했을 때, 예수님께서는 이렇게 대답하셨습니다. "오늘 이 집에 구원이 이루어졌다. 이 사람도 아브라함의 자손이기 때문이다"(루카 19,8-9 참조). 아브라함이 하느님을 믿어서 그것이 그의 의로움으로 인정되었다면(참조: 갈라 3,6; 로마 4,3; 요한 15,6), 분명 하느님의 계명에 따라 자선을 베푸는 이는 하느님을 믿는 것이고, 신앙의 진리를 지니고 있는 사람은 하느님을 경외합니다. 하느님을 경외하는 이는 가난한 사람에게 자비를 베풀면서 하느님을 생각합니다. 믿기 때문에 실천하는 것입니다. 하느님 말씀으로 선포된 것들이 참되다는 것과, 성경은 거짓말을 할 수 없다는 것을 알기 때문입니다. 열매 맺지 못하는 나무들, 곧 쓸모없는 인간들은 잘려서 불 속에 던져지고(마태 3,10 참조), 자비로운 사람들은 나라로 불려 가기 때문입니다. 또 다른 대목에서 그분께서는 실천하며 열매를 맺는 이들을 성실하다고 일컬으시지만, 열매를 맺지 못하는 쓸모없는 인간들에게는 이렇게 말씀하시면서 신뢰를 거두십니다. "너희가 불의한 재물에도 성실하지 못했다면, 누가 너희에게 참된 것을 맡기겠느냐? 또 너희

선행과 자선

가 남의 것에 성실하지 못했다면, 누가 너희에게 너희의 몫을 내주겠느냐?"(루카 16,11-12 참조).

자선과 하느님의 상급

9. 그러나 그대는 다양한 자선 활동을 시작하여 그대 재산으로 선행을 실천하느라 혹시라도 빈털터리가 되지는 않을까 염려하고 두려워합니다. 이런 점에 대해서는 걱정 말고 안심하십시오. 그리스도를 위해 사용하는 것은 동날 수 없으며, 거기서 하늘의 일이 거행됩니다. 내가 그대에게 보증을 서는 것이 아니라, 성경에 대한 믿음과 거룩한 계약의 권위로써 약속하는 것입니다. 성령께서 솔로몬을 통해 이렇게 말씀하십니다. "가난한 자에게 주는 이는 아무것도 아쉽지 않겠지만, 못 본 체 자기 눈을 돌리는 자는 크게 궁핍해질 것이다"(잠언 28,27 참조). 자비로운 이들과 실천하는 이들은 궁핍할 수 없으며, 오히려 인색하고 쓸모없는 자들은 나중에 가난에 빠질 수 있습니다. 마찬가지로, 복된 사도 바오로도 주님의 영감으로 가득 차 이렇게 말합니다. "씨 뿌리는 사람에게 씨앗과 먹을 양식을 마련해 주시는 분께서 여러분의 씨앗을 마련해 주시고 여러 갑절로 늘려 주시고, 여러분이 실

천하는 의로움의 열매도 늘려 주실 것입니다. 여러분이 모든 면에서 부유해지게 하려는 것입니다"(2코린 9,10-11 참조). 또 이렇게 덧붙입니다. "이러한 직무 수행은 성도들에게 부족한 것을 채워 줄 뿐만 아니라, 많은 사람이 주님께 넘치도록 감사드리게 할 것입니다"(2코린 9,12 참조). 우리의 자선과 선행으로 말미암아 가난한 이들이 기도로 하느님께 감사드리는 동안, 선을 행하는 이의 보화는 하느님의 상급을 통하여 쌓이게 됩니다. 주님께서는 복음에서 이러한 인간들의 마음을 이미 헤아리시어, 신의 없고 믿음 없는 이들을 예언 말씀으로 고발하시면서 이렇게 분명하게 말씀하십니다. "너희는 '무엇을 먹을까, 무엇을 마실까, 무엇을 차려입을까?' 하며 걱정하지 마라. 이런 것들은 다른 민족들이 애써 찾는 것이다. 너희 아버지께서는 이 모든 것이 너희에게 필요함을 아신다. 너희는 먼저 나라와 하느님의 의로움을 찾아라. 그러면 이 모든 것도 너희에게 곁들여 주어질 것이다"(마태 6,31-33 참조). 나라와 하느님의 의로움을 찾는 이들에게 모든 것을 곁들여 주시고 건네주시리라고 하십니다. 주님께서는 심판 날이 오면 당신 교회 안에서 사랑을 실천한 사람들이 하늘 나라를 차지하게 하겠노라고 말씀하십니다.

자선과 돈 걱정

10. 그대는 그대의 재산으로 너그럽게 자선을 베풀기 시작하면 혹시라도 그대 재산이 거덜 나지 않을까 두려워합니다. 비참한 그대는 가산家産이 없어지는 것은 두려워하면서도, 삶 자체와 구원이 거덜 나는 것은 모릅니다. 자기 영혼보다 돈을 더 사랑하는 그대는 그대 재산의 일부분이 줄어드는 것은 염려하면서도, 그대 자신이 끝장나고 있는 현실은 돌아보지 못합니다. 그대의 재산을 잃을까 걱정하는 동안, 재산 대신 그대 자신을 잃어버리게 됩니다. 사도가 외친 참으로 적절한 말씀이 있습니다. "우리는 이 세상에 아무것도 가지고 오지 않았으며 아무것도 가지고 갈 수 없습니다. 먹을 것과 입을 것이 있으면, 우리는 이것들로 만족합시다. 부자가 되기를 바라는 자들은 사람들을 파멸과 멸망에 빠뜨리는 유혹과 올가미와 어리석고 해로운 갖가지 욕망에 떨어집니다. 사실 탐욕은 모든 악의 뿌리입니다. 탐욕에 빠져 믿음에서 파선하여 많은 아픔을 겪은 사람들이 있습니다"(1티모 6,7-10 참조).

자선을 두려워하지 마라

11. 그대가 그대의 재산으로 너그럽게 자선을 베풀기 시작하면 재산이 거덜 날까 봐 두렵습니까? 의로운 사람에게 도움이 부족했던 적이 언제 한 번이라도 있었습니까? "주님께서는 의로운 영혼을 굶주림으로 죽이지 않으신다"(잠언 10,3)고 쓰여 있습니다. 엘리야는 사막에서 까마귀들의 시중으로 먹고살았고(1열왕 17,6 참조), 임금의 명령으로 사자들의 먹이가 되도록 굴에 갇힌 다니엘에게는 거룩한 식사가 마련되었습니다(다니 6,17-23 참조). 그런데 그대는 선행을 하는 이와 주님께 호의를 베푸는 이에게 먹을 것이 떨어질까 두려워합니다. 주님께서는 의심하는 마음과 작은 믿음을 지닌 이들에게 복음에서 이처럼 애틋하게 말씀하십니다. "하늘의 새들을 눈여겨보아라. 그것들은 씨를 뿌리지도 않고 거두지도 않을 뿐만 아니라 곳간에 모아들이지도 않는다. 그러나 하늘의 너희 아버지께서는 그것들을 먹여 주신다. 너희는 그것들보다 더 귀하지 않으냐?"(마태 6,26). 하느님께서는 새들을 먹이시고, 참새들에게 일용할 양식이 마련됩니다. 거룩한 것에 대한 감각이 전혀 없는 것들에게도 음료와 음식이 부족하지 않습니다. 그런데도 그리스도인인 그대, 하느님의

선행과 자선

29

종인 그대, 선행에 헌신한 그대, 자기 주인께 소중한 그대에게 무언가 부족하리라고 여기는 것입니까?

거짓 그리스도인

12. 이웃 안에서 그리스도를 먹여 살리는 이가 자신은 그리스도께서 먹여 살리지 못하시리라고 생각하거나, 하늘의 거룩한 재물을 받은 이에게 지상의 재물이 부족해지리라고 여겨서는 안 되겠습니다. 이 믿음 없는 생각은 어디서 오는 것입니까? 불경하고 사악한 이따위 궁리는 어디서 비롯하는 것입니까? 믿음의 집에서 불신의 마음이 웬 말입니까? 그리스도를 전혀 믿지 않는 사람이 어떻게 그리스도인이라 불리고 일컬어집니까? 그대에게는 바리사이라는 이름이 훨씬 더 어울립니다. 복음에서 자선에 관해 말씀하시면서 장차 우리를 영원한 거처로 받아들여 줄 미래와 직결된 자선을 베풂으로써 우리의 지상 재물로라도 친구들을 사귀라는 진실하고 유익한 권고를 주님께서 주셨을 때, 성경은 그다음에 이렇게 덧붙였기 때문입니다. "매우 탐욕적이었던 바리사이들은 이 모든 말씀을 듣고 비웃었다"(루카 16,14 참조). 오늘날 우리는 교회에서 이와 비슷한 이들을 봅니다. 닫힌 귀와

눈먼 마음을 지닌 그들은 구원의 영적 권고에서 한 자락 빛도 받아들이지 않습니다. 주님께서도 그런 인간들에게 멸시당하셨다는 사실을 생각할 때, 그자들이 주님의 말씀에 나오는 집사를 업신여기는 것에 그리 놀랄 필요는 없습니다.

선행을 미루는 핑계들

13. 그대는 왜 미래에 대한 두려움과 걱정 때문에 선행을 미루어야 한다는 이 쓸데없고 어리석은 생각들에 찬동합니까? 어찌하여 부질없는 변명의 그림자와 속임수를 늘어놓습니까? 오히려 참된 것을 고백하십시오. 그대는 진실을 알고 계시는 분을 속일 수 없으니, 그대의 정신에 숨겨지고 감추어진 것을 드러내십시오. 열매 맺지 못하는 어두움이 그대 영혼을 둘러쌌고, 진리의 빛이 멀어졌으며, 탐욕의 짙고 깊은 어둠이 육적 마음을 눈멀게 했습니다. 자기 돈의 포로이며 노예인 그대는 탐욕의 사슬과 쇠고랑에 묶여 있습니다. 그리스도께서 이미 풀어 주셨는데 그대는 또다시 쇠고랑을 차고 있습니다. 그대는 돈을 보관하고 있지만, 보관된 돈이 그대를 보존하지는 못합니다. 그대는 재산을 쌓아 두지만, 그 무게는 그대를 짓누릅니다. 흘러넘치는 재산을 어

리석은 허영심으로 자랑하던 부자에게 하느님께서 하신 대답을 그대는 잊고 있습니다. 그분께서 이렇게 말씀하셨지요. "어리석은 자야, 오늘 밤에 네 목숨을 되찾아 갈 것이다. 그러면 네가 마련해 둔 것은 누구의 차지가 되겠느냐?"(루카 12,20). 어찌하여 그대 홀로 그대의 재산을 지키고 있습니까? 세속에서 더 부유할수록 하느님께는 더 가난해지는 법인데, 그대는 왜 그대의 벌에 재산의 무게를 더합니까? 그대의 수입을 그대의 하느님과 나누고, 그대의 수확을 그리스도와 나누십시오. 그대의 지상 소유물을 그리스도와 공유하십시오. 그리하여 그분께서 그대를 당신과 더불어 하늘 나라의 공동상속자로 삼으시게 하십시오.

선행과 자선으로 정화하는 삶

14. 그대가 누구이든 세속에서 부자라고 믿으면 그대는 잘못을 저지르는 것이고 속아 넘어가는 것입니다. 그대와 같은 인간들을 의로운 꾸짖음으로 나무라시는 주님의 목소리를 묵시록에서 들어 보십시오. "'나는 부자로서 풍족하여 아무것도 모자람이 없다' 하고 네가 말하지만, 사실은 비참하고 가난하고 눈멀고 벌거벗은 것을 깨닫지 못한다. 내가 너

에게 권한다. 나에게서 불로 정련된 금을 사서 부자가 되고, 흰옷을 사 입어 너의 수치스러운 알몸이 드러나지 않게 하고, 안약을 네 눈에 발라 볼 수 있게 하여라"(묵시 3,17-18 참조). 돈 많고 부유한 그대는 그대의 더러움을 불사를 수 있도록 그대를 위해 불로 정련된 금을 그리스도에게서 사십시오. 그대가 자선과 의로운 행위로 정화되면 그대는 깨끗한 금이 될 수 있을 것입니다. 아담을 따라 알몸이었고(창세 3,7 참조) 전에는 추한 몰골을 부끄러워했던 그대는 흰옷을 사서 그리스도의 빛나는 옷을 입으십시오. 돈 많고 부유한 귀부인인 그대는 선행과 품행으로 하느님을 섬김으로써 마침내 하느님을 뵐 수 있도록 악마의 점안수가 아니라 그리스도의 안약을 그대의 눈에 바르십시오.

가난한 이들의 선행과 부자들의 악행

15. 그대는 이 상태로는 교회 안에서 선행을 실천할 수 없습니다. 칠흑 같은 어둠에 뒤덮이고 밤에 파묻혀 버린 눈이 궁핍하고 가난한 이를 보지 못하기 때문입니다. 풍족하고 부유한 그대는 '가난한 이들을 위한 헌금함'[1]은 아예 쳐다보지도 않은 채, 희생 제물도 없이 성찬례[2]에 와서는 가난한 사람

이 봉헌한 희생 제물에 끼어들면서도 성찬례를 드린다고 생각합니까? 복음에서 하늘의 계명을 기억한 과부를 눈여겨보십시오. 그 여인은 가난에 쪼들리고 궁색했지만 자신에게 유일하게 남은 동전 두 닢을 헌금함에 넣음으로써 선행을 실천했습니다. 주님께서는 그 여인을 유심히 지켜보신 다음, 그의 행위를 재산이 아니라 영혼으로 평가하시고, 얼마나 큰돈을 넣었느냐가 아니라 얼마에서 내어놓았느냐를 생각하시면서 이렇게 말씀하십니다. "내가 진실로 너희에게 말한다. 이 과부가 하느님의 헌금함에 다른 모든 사람보다 더 많이 넣었다. 저들은 모두 풍족한 데에서 얼마씩 하느님의 헌금함에 넣었지만, 이 과부는 자신도 궁핍한 가운데 가진 것을 모두 다 넣었기 때문이다"(마르 12,41-44 참조). 심판 날에 앞서 심판관의 목소리로 칭찬을 들은 매우 복되고 영광스러운 여인입니다. 부자는 자신의 궁색함과 불행을 부끄러워해야 합니다. 과부 한 사람, 가난한 과부 한 사람이 선행을 실천합니다. 봉헌된 모든 것은 고아들과 과부들에게 베풀어지는데, 그 과부는 자신이 받아 마땅한 것을 내어 줍니다. 그리하여 쓸모없는 부자를 기다리고 있는 벌이 무엇인지를 깨우쳐 주고, 가난한 이들도 이 본보기를 따라 선행을 베풀어야 한다는 사실을 깨닫게 해 줍니다. 또한 이 선행은 하느님께 드리는 것이며, 이를 행하는 이는 누구나 하느님을 누리게 되리라는 것을 가르쳐 주시고자 그리스도께서는 그것을 '하느님의 헌금함'이라 부르십니다. 가난한 이에게 자비를 베푸는 이는 하느님께 꾸어 드리는 것(잠언 19,17 참조)임을 더욱더 분명히 하시기 위해 과부가 하느님의 헌금함에 동전 두 닢[3]을 넣었다고 하십니다.

가난한 이에게 베풀면 주님께서 받으신다

16. 사랑하는 형제 여러분, 자녀들의 이익을 위해서는 선하고 의로운 행위를 면제받을 수도 있으리라는 그릇된 생각이 그리스도인의 선행을 가로막거나 중단시키는 일은 없어야 하겠습니다. 영적 봉헌에서 받으시는 분은 당신이시라 고백하신 그리스도를 생각해야 하겠습니다. 주님 말고는 동료 종들을 우리 자녀보다 앞세우지 말아야 하겠습니다.[4] 주님께서는 "아버지나 어머니를 나보다 더 사랑하는 사람은 나에게 합당하지 않다. 아들이나 딸을 나보다 더 사랑하는 사람도 나에게 합당하지 않다"(마태 10,37; 참조: 마르 7,11)고 가르치시고 권고하시기 때문입니다. 마찬가지로 신명기에도 신앙

강화와 하느님 사랑에 관하여 비슷하게 쓰여 있습니다. "자기 아버지와 어머니에게 '나는 당신을 알지 못합니다' 하고, 자기 자녀를 아는 체하지 않은 이들은 정녕 당신의 말씀을 지키고 당신의 계약을 준수하였습니다"(신명 33,9 참조). 우리가 하느님을 온 마음으로 사랑한다면 부모나 자식을 하느님보다 앞세우지 말아야 합니다. 가난한 이에게 선행을 베풀지 않으려는 자들에게는 하느님에 대한 사랑이 없다고 요한도 자신의 서간에 적어 두었습니다. "누구든지 세상 재물을 가지고 있으면서도 자기 형제가 궁핍한 것을 보고 그에게 마음을 닫아 버리면, 하느님 사랑이 어떻게 그 사람 안에 머무를 수 있겠습니까?"(1요한 3,17). 가난한 이에게 베푸는 자선으로 하느님께서 빚쟁이가 되신다면(잠언 19,17 참조), 아주 보잘것없는 것을 베풀더라도 그리스도께 드리는 것입니다. 지상의 것을 천상의 것보다 더 좋아하고, 인간의 것을 하느님의 것보다 더 앞세울 까닭은 없습니다.

가난한 이들과 나누지 않는 죄

17. 열왕기 제3권[5]에서 그 과부는 가뭄과 굶주림으로 모든 것이 다 떨어지자, 자식들[6]과 함께 먹고 죽을 작정으로 남아

있는 조금의 밀가루와 기름으로 빵을 숯불에 구웠습니다.[7] 엘리야가 나타나 먼저 자신에게 먹을 것을 주고, 그다음에 남은 것을 자식들과 함께 먹으라고 부탁했습니다. 여인은 순명하기를 망설이지 않았습니다. 또 어머니로서 굶주림과 가난 속에서도 자식들보다 엘리야를 앞세웠습니다. 오히려 하느님께서 기뻐하실 일이 하느님 앞에서 이루어집니다. 부탁받은 것을 선뜻 기꺼이 베풉니다. 풍족한 데서 작은 부분을 떼어 준 것이 아니라, 보잘것없는 것에서 전부를 줍니다. 굶주린 자녀보다 다른 사람을 먼저 먹입니다. 가난과 굶주림 속에서도 음식이 아니라 자비를 먼저 생각합니다. 구원의 선행에서 육적 생명은 하찮게 여겨지고 영혼은 영적으로 보호받습니다. 그러므로 그리스도의 예형像型인 엘리야는 그리스도께서는 자비에 따라 각자에게 상급을 되돌려 주신다고 밝히면서 이런 말로 대답했습니다. "주님께서 이렇게 말씀하시오. '주님이 땅 위에 비를 내리는 날까지, 밀가루 단지는 비지 않고 기름병은 줄어들지 않을 것이다'"(1열왕 17,14 참조). 거룩한 약속에 대한 믿음으로 말미암아 과부에게는 자신이 내어 준 것이 쌓이고 늘어났으며, 의로운 선행과 자비의 덕행도 증가하고 성장하여 밀가루 단지와 기름병이 가득

찾습니다(2열왕 4,1-7 참조). 어머니는 엘리야에게 준 것을 자식들에게서 빼앗기는커녕, 선하고 경건한 마음으로 실천한 것을 자녀들에게도 베풀어 주었습니다. 과부는 아직 그리스도를 몰랐고, 그분의 계명을 아직 듣지 못했습니다. 아직 그분의 십자가와 수난으로 구원받지 못한 그 여인은 음식과 음료를 피 대신 바쳤습니다. 자신과 자녀들을 그리스도보다 앞세우고, 자기 재산을 움켜쥔 채 풍족한 재화를 가난하고 궁핍한 이들과 공유하지 않는 이가 교회 안에서 얼마나 많은 죄를 짓고 있는지 이를 통해 드러내려는 것이었습니다.

돈이 아니라 선행으로 양육하는 자녀

18. 그러나 집에 아이들이 많아서, 자녀의 수 때문에 그대가 너그럽게 선행을 베푸는 일이 방해받을 수도 있습니다. 바로 이 때문에라도 그대는 더욱 널리 선행을 실천해야 합니다. 그대는 많은 아이들의 아버지이기 때문입니다. 그대가 주님께 간구해야 하는 이들이 많습니다. 많은 이들의 죄악이 용서받아야 하고, 많은 이들의 양심이 깨끗해져야 하며, 많은 이들의 영혼이 자유로워져야 합니다. 이 지상 생활에서 아이들 양육비는 그 수만큼 지출이 많아지듯, 영적인 천

상 생활에서는 자녀 수가 많아지는 만큼 선행의 상급도 커집니다. 욥은 자녀를 위하여 수많은 희생 제사를 바쳤습니다. 집에 있던 자녀들의 수만큼이나 하느님께 바친 희생 제물의 수도 많았습니다. 하느님 앞에서 죄짓지 않을 수 있는 날이 없었기에, 죄를 씻을 수 있는 매일의 희생 제사가 빠질 수 없었습니다. 성경이 이렇게 증언합니다. "참되고 의로운 사람 욥은 아들 일곱과 딸 셋을 두었다. 욥은 그들을 위해 그 수만큼 하느님께 희생 제물을 바쳐 그들을 정결하게 하였고, 그들의 죄를 위하여 소 한 마리를 바쳤다"(욥 1,1-5 참조). 그러므로 참으로 그대의 자녀를 사랑한다면, 자녀에게 충만하고 아버지다운 사랑의 단맛을 보여 주고 싶다면, 올바른 선행으로써 그대의 자녀를 하느님께 맡겨 드리기 위해 더욱 힘써야 하겠습니다.

자녀에게 물려줄 참된 재산

19. 그대는 그분이 그대 자녀의 일시적이고 힘없는 아버지라 여기지 마십시오. 영적 자녀의 영원하고 든든한 아버지이신 그분을 모시십시오. 그대가 상속자들을 위해 모으고 있는 그대의 재산을 그분께 맡기십시오. 그분께서 그대 자

녀의 후견인이시고, 그분께서 보호자이시며, 그분께서 거룩한 가르침으로 그대의 자녀를 세상의 모든 불의에 맞서 지켜 주십니다. 하느님께 맡겨 놓은 재산은 국가도 빼앗지 못하고, 세금도 내지 않으며, 어떤 법적 속임수로도 망가뜨릴 수 없습니다. 보호자 하느님께 맡긴 재산은 안전하게 보관됩니다. 이것이 사랑스러운 자녀들을 위해 나중을 내다보는 일이고, 이것이 성경이 말하는 믿음에 따라 아버지의 마음으로 미래의 상속자들을 염려하는 길입니다. "더 젊었던 내가 이제 늙었는데 의인이 버림을 받음도, 그 자손이 빵을 구걸함도 보지 못하였다. 그는 날마다 자비를 베풀고 꾸어 주어 그 자손이 복을 받는다"(시편 37,25-26 참조). 또 이렇게 말합니다. "흠 없이 정의롭게 사는 이는 복된 자녀를 남기게 되리라"(잠언 20,7 참조). 그대가 자녀를 충실하게 배려하지 않는다면, 또 그들을 보살피기 위해 경건하고 진실한 신심으로 멀리 내다보지 않는다면, 그대는 의무를 저버린 채 자식을 팔아먹는 아버지가 됩니다. 천상의 재산보다 지상의 재화를 더 걱정하는 그대는 그대의 자녀를 그리스도보다 악마에게 맡기고 싶어 합니다. 그대는 갑절로 죄를 짓고 이중의 죄악을 저지르는 셈인데, 그대의 자녀들에게 하느님 아버지의 도움을 마련하지 않을뿐더러, 자녀들이 그리스도보다 재물을 더 사랑하도록 가르치기 때문입니다.

토빗의 본보기

20. 그대의 자녀들을 위해 그대는 토빗과 같은 아버지가 되십시오.[8] 토빗이 아들에게 준 것처럼 그대도 자녀에게 유익하고 구원에 도움이 되는 계명을 주십시오. 토빗이 이렇게 명한 것처럼 그대도 그대의 자녀에게 명령하십시오. "이제 얘들아, 내가 너희에게 분부한다. 하느님을 진심으로 섬기고 그분께서 좋아하시는 일을 그분 앞에서 하여라. 너희 자식들도 잘 타일러서, 정의를 실천하고 자선을 베풀게 하여라. 하느님을 기억하며 언제나 그분의 이름을 찬미하게 하여라"(토빗 14,8-9). 또 이렇게 말합니다. "아들아, 네 생애의 모든 날에 하느님을 생각하고, 그분의 계명을 어기려는 뜻을 품지 마라. 네 한평생 정의를 실천하고 불의한 길은 걷지 마라. 진실하게 행동하면 네 품행이 존경받을 것이다. 네가 가진 것에서 자선을 베풀어라. 그리고 어떤 가난한 이에게서도 네 얼굴을 돌리지 마라. 그래야 하느님께서도 너에게서 얼굴을 돌리지 않으실 것이다. 아들아, 네가 가진 만큼 베풀

어라. 네게 많은 재산이 있다면 거기서 더 많은 자선을 베풀어라. 네가 가진 것이 적으면 그 적은 것에서 나누어라. 자선을 베풀 때 두려워하지 마라. 네가 곤궁에 빠지게 되는 날을 위하여 좋은 보물을 네게 쌓아 두는 것이다. 자선은 사람을 죽음에서 구해 주고 암흑 속에 가지 않게 해 준다. 사실 자선을 베푸는 모든 이에게는 그 자선이 지극히 높으신 분 앞에 바치는 훌륭한 예물이 된다"(토빗 4,5-11 참조).

참되고 영원한 영광

21. 사랑하는 형제 여러분, 하느님께서 보시는 앞에서 경축하는 공연에는 어떤 것이 있습니까? 이방인들의 공연에 집정관이나 황제가 함께 있으면 위대하고 영광스러워 보입니다. 그래서 높은 사람들을 기쁘게 할 수 있는 의전 비용을 더 쓰게 마련입니다. 공연을 보시는 분이 하느님과 그리스도시라면 그 영광은 얼마나 더 빛나고 얼마나 더 크겠습니까? 천상의 권능을 지니신 분께서 모든 천사들과 함께 공연을 보러 오신다면 그 준비는 얼마나 더 거창해지고 그 지출은 얼마나 더 늘어나겠습니까? 이런 준비를 한 이에게는 네 마리 말이 끄는 개선 마차나 집정관 자리가 아니라 영원한 생명

이 선사됩니다. 헛되고 부질없는 통속적 환심이 아니라, 하늘 나라의 영원한 보상을 받게 됩니다.

악마의 비아냥거림

22. 게으르고 쓸모없는 자들, 돈 욕심 때문에 구원의 열매와 관련된 그 무엇도 하지 않는 자들이 더 수치를 당하고 불명예와 치욕으로 자신들의 더러운 양심을 더 부끄러워하도록, 제각기 자기 눈앞에 악마와 그 졸개들인 파멸과 죽음의 백성을 나란히 세워 두도록 합시다. 악마는 그리스도께서 몸소 자리하시어 심판하고 계시는데도 불쑥 한가운데로 튀어나와서는 그리스도의 백성을 비꼬아 자극하며 이렇게 말합니다. "나는 네가 나와 함께 보고 있는 이 사람들을 위해 뺨을 맞지 않았고, 채찍질을 견디지도 않았으며, 십자가를 지지도 않았고, 피를 흘리지도 않았고, 수난과 피의 대가로 내 가족을 구원하지도 않았지. 나는 그들에게 하늘 나라를 약속하지도 않고, 불사불멸을 회복시켜 낙원으로 다시 부르지도 않아. 그런데도 그들은 나를 위해 얼마나 진귀하고 엄청난 공연을 준비하고, 얼마나 과분하고도 오랜 고생으로 자기 재산을 저당 잡히거나 팔아 치우면서까지 공연을 준비

하는지. 그래도 공연이 시원찮으면 그들은 조롱받고 모욕당하며 쫓겨나고, 때로는 분노한 군중에게 돌팔매질을 당하기도 해. 그리스도야, 네놈들이 저런 공연을 준비할 수 있는지 보여 봐. 그리고 네가 자리 잡고 지켜보는 교회 안에서 부자들과 재산이 흘러넘치는 자들이 자기 재산을 저당 잡히거나 흩뿌려 자기 소유물을 천상 보화로 바꾼 다음 그런 공연을 헌정하는지 보여 줘. 나를 위해 마련된 이 덧없는 지상 공연에서는 아무도 얻어먹지 못하고 아무도 얻어 입지 못하며 음식이나 음료로 위로를 얻지 못해. 공연 책임자의 광기와 구경꾼의 오류 사이에서 부질없는 쾌락의 어리석은 허영으로 모든 것이 사라져 버리기 때문이지. 그러나 너는 네 가난한 이들 안에서 얻어 입고 얻어먹으면서 선행을 하는 이에게 영원한 생명을 약속한다지. 그들은 거룩한 품삯과 하늘의 상급으로 너에게는 칭찬받겠지만, 네놈들은 멸망한 내 사람들과 비슷해지기도 버거울 거야."

가난한 이들 안에서 멸시당하시는 그리스도

23. 사랑하는 형제 여러분, 이런 이야기에 뭐라고 대답해야 하겠습니까? 신성모독적 불감증과 캄캄한 밤에 뒤덮인 부

자들의 정신을 어떤 논리로 막아 내고 어떤 핑곗거리로 순화하겠습니까? 우리는 악마의 졸개들보다 못합니다. 그리스도의 수난과 피의 대가를 조금도 갚아 드리지 못하기 때문입니다. 그분께서는 우리에게 당신 계명을 주셨고, 당신 종들에게 실천해야 할 바를 가르치셨습니다. 선행을 하는 이에게 상급을 주시기로 약속하셨고, 쓸모없는 이들에게는 형벌을 경고하시어 당신 판결을 내리셨으며, 심판하시리라는 것을 미리 알려 주셨습니다. 게으름뱅이에게 무슨 핑계가 있겠으며, 쓸모없는 이에게 무슨 변명이 있겠습니까? 명하신 바를 실천하지 않는 종에게 주님께서는 경고하신 대로 하실 따름입니다. 그분께서는 이렇게 말씀하십니다. "사람의 아들이 자기 영광에 싸여 모든 천사와 함께 오면, 자기의 영광스러운 옥좌에 앉을 것이다. 그리고 모든 민족들이 사람의 아들 앞으로 모일 터인데, 그는 목자가 양과 염소를 가르듯이 그들을 가를 것이다. 그렇게 하여 양들은 자기 오른쪽에, 염소들은 왼쪽에 세울 것이다. 그때에 임금이 자기 오른쪽에 있는 이들에게 이렇게 말할 것이다. '내 아버지께 복을 받은 이들아, 와서, 세상 창조 때부터 너희를 위하여 준비된 나라를 차지하여라. 너희는 내가 굶주렸을 때에 나에게 먹을 것을 주었고, 내가 목말랐을 때에 나에게 마실 것을 주었으며, 내가 나그네였을 때에 나를 따뜻이 맞아들였다. 또 내가 헐벗었을 때에 나를 덮어 주었고, 내가 병들었을 때에 나를 방문해 주었으며, 내가 감옥에 있을 때에 나를 찾아 주었다.' 그러면 의인들이 이렇게 말할 것이다. '주님, 저희가 언제 주님께서 굶주리신 것을 보고 먹을 것을 드렸고, 목마르신 것을 보고 마실 것을 드렸습니까? 언제 주님께서 나그네 되신 것을 보고 따뜻이 맞아들였고, 헐벗으신 것을 보고 입혀 드렸습니까? 언제 주님께서 병드시거나 감옥에 계신 것을 보고 주님을 찾아가 뵈었습니까?' 그러면 임금이 그들에게 대답할 것이다. '내가 진실로 너희에게 말한다. 너희가 내 형제들인 이 가장 작은 이들 가운데 한 사람에게 해 준 것이 바로 나에게 해 준 것이다.' 그때에 임금은 왼쪽에 있는 자들에게도 이렇게 말할 것이다. '저주받은 자들아, 나에게서 떠나 악마와 그 부하들을 위하여 내 아버지께서 준비해 두신 영원한 불 속으로 들어가라. 너희는 내가 굶주렸을 때에 나에게 먹을 것을 주지 않았고, 내가 목말랐을 때에 나에게 마실 것을 주지 않았으며, 내가 나그네였을 때에 나를 따뜻이 맞아들이지 않았다. 또 내가 헐벗었을 때에 나를 입혀 주지 않았고, 내가 병들었을 때와 감옥에 있을 때에 나를 찾아 주지 않았다.' 그러면 그들도 이렇게 말할 것이다. '주님, 저희가 언제 주님께서 굶주리시거나 목마르시거나 나그네 되신 것을 보고, 또 헐벗으시거나 병드시거나 감옥에 계신 것을 보고 당신께 시중들지 않았다는 말씀입니까?' 그때에 임금이 대답할 것이다. '내가 진실로 너희에게 말한다. 너희가 이 가장 작은 이들 가운데 한 사람에게 해 주지 않은 것이 바로 나에게 해 주지 않은 것이다.' 이렇게 하여 그들은 영원한 벌을 받는 곳으로 가고 의인들은 영원한 생명을 누리는 곳으로 갈 것이다"(마태 25,31-46 참조). 그리스도께서 이보다 더 위대한 그 무엇을 우리에게 알려 주실 수 있었겠습니까? 우리의 정의와 자비의 행위보다 더 큰 그 무엇을 선포하실 수 있었겠습니까? 그분은 궁핍하고 가난한 이에게 베푼 것은 무엇이든 당신에게 준 것이며, 궁핍하고 가난한 이에게 무언가를 주지 않는 것은 당신에 대한 폭력이라고 단언하셨습니다. 교회 안에서 형제를 존중하지 않는 이는 그 사람 안에 계신 그리스도를 묵상하며 행동하고, 고난과 궁핍에 빠진 동료를 생각하지 않는 이는 바로 그 사람 안에서 멸시당하고 계신 주님을 생각하십시오.

선행과 자선을 위한 권고

24. 그러므로 사랑하는 형제 여러분, 하느님을 두려워하는 우리는 세상을 이미 하찮게 여기고 짓밟아 버렸으니 높고 거룩한 것들에 우리 마음을 드높이고, 충만한 믿음과 헌신적인 마음과 끊임없는 선행으로 주님의 호의를 누리면서 그분께 순종합시다. 천상의 옷을 받게 될 우리는 지상의 옷을 그리스도께 봉헌합시다. 아브라함과 이사악과 야곱과 함께 천상 잔치에 가게 될 우리는 세속의 음식과 음료를 봉헌합시다(마태 8,11 참조). 적게 거두지 않도록 씨를 많이 뿌립시다(2코린 9,6 참조). 시간이 있을 때 안녕과 영원한 구원의 대책을 마련합시다. 바오로 사도는 이렇게 권고하십니다. "시간이 있는 동안 모든 사람에게, 특히 믿음의 가족에게 좋은 일을 합시다. 좋은 일을 하면서 낙심하지 맙시다. 그리하면 제때에 추수하게 될 것입니다"(갈라 6,10.9 참조).

초기 교회의 아름다운 본보기

25. 사랑하는 형제 여러분, 사도 시대에 믿는 이들의 공동체가 행한 바를 되새겨 봅시다. 그때에는 위대한 덕행들로 말미암아 첫 마음은 생기 가득했고, 신자들의 믿음은 새로운

신앙 열기로 여전히 타오르고 있었습니다. 그때 그들은 집과 땅을 팔아 가난한 이들에게 나누어 주도록 사도들에게 기꺼운 마음으로 너그러이 내어놓았습니다. 지상의 재산을 팔아서 나누어 줌으로써 영원한 재산의 열매를 받을 수 있는 저곳으로 그 땅을 옮겨 놓았고 영원히 살게 될 거처를 마련했습니다. 사도행전에서 읽는 바와 같이, 당시에는 사랑 안의 일치만큼이나 선행도 풍성했습니다. "신자들의 공동체는 한마음 한뜻이 되어 일했고, 그들 사이에는 어떤 차별도 없었으며, 자기 소유를 자기 것이라 하지 않고 모든 것을 공동으로 소유하였다"(사도 4,32 참조). 이것이야말로 참으로 영적 탄생을 통해 하느님의 자녀가 되는 길입니다. 이것이 하늘의 법에 따라 아버지 하느님의 공정함을 닮는 길입니다. 하느님의 것은 무엇이든 우리가 공동으로 사용해야 합니다. 그분의 은혜와 선물에서 그 누구도 소외되어서는 안 됩니다. 온 인류가 하느님의 선하심과 너그러우심을 공평하게 누려야 합니다. 낮은 공평하게 빛을 비추고, 태양은 공평하게 햇살을 비추며, 비는 공평하게 적셔 주고, 바람은 공평하게 불며, 잠자는 이들에게 잠은 하나이고, 별빛과 달빛도 공동의 것입니다. 지상에서 재화를 소유하고 있는 사람은 이

평등성의 본보기를 따라 자신의 수확물을 형제들과 나누어야 합니다. 거저 나누어 줌으로써 더불어 소유하는 정의로운 이는 하느님 아버지를 닮은 사람입니다.

맺는 말

26. 사랑하는 형제 여러분, 선행을 실천하는 이들이 누릴 영광은 어떠할까요? 주님께서 우리의 덕행과 선행에 대한 약속된 상급을 나누어 주시고, 지상의 재물 대신 하늘의 재산을, 일시적 재물 대신 영원한 재산을, 보잘것없는 재물 대신 큰 재산을 베풀어 주시면서 당신 백성과 셈을 시작하실 때, 당신께서 거룩하게 되돌려 놓으신 우리를 아버지께 봉헌하실 때, 당신 피의 생명력으로 우리를 회복시키시어 우리에게 영원불멸을 베풀어 주실 때, 당신 약속을 신실하고 참되게 지키시어 우리를 다시 낙원으로 이끄시어 하늘 나라를 열어 주실 때 그 기쁨은 얼마나 크고 위대하겠습니까! 이러한 사실들을 우리 마음에 굳게 새기고, 온전한 믿음으로 성찰하며, 온 마음으로 사랑하고, 한결같이 너그러운 선행으로 구원받아야 하겠습니다. 사랑하는 형제 여러분, 구원의 선행은 찬란하고 거룩한 일입니다. 믿는 이들의 커다란 위

로이며, 우리 구원의 유익한 보루이고, 희망의 성채이며, 신앙의 방어선이며, 죄를 없애는 약이고, 하고자 하면 할 수 있는 위대하고도 쉬운 일이며, 박해의 위험이 없는 평화의 화관이고, 하느님의 참되고 위대한 선물, 가난한 이들에게는 필요한 선물이고 강한 이들에게는 영광스러운 선물이며, 그 도움으로 그리스도인은 영적 은총에 다다르게 되며, 심판관이신 그리스도의 호의를 누리고, 하느님을 채무자로 만드는 일입니다. 이처럼 구원을 주는 선행의 종려가지를 기꺼운 마음으로 선뜻 차지하러 갑시다. 정의의 경주를 지켜보고 계시는 하느님과 그리스도께 다 함께 달려갑시다. 세속과 세상을 초월하기 시작한 우리는 세속과 세상에 대한 어떤 탐욕으로도 우리의 달음질을 더디게 하지 맙시다. 상급의 날이 오든 박해의 날이 닥치든 우리가 선행의 경주에서 잘 대비하여 재빠르게 달려간다면 주님께서는 우리의 공로에 내리실 상급을 빠뜨리지 않으실 것입니다. 평화로운 시기에 승리를 거둔 이들에게는 선행에 대하여 새하얀 관을 주실 것이고, 박해 시기에는 수난에 대한 붉은 관도 겹으로 씌워 주실 것입니다.

선행과 자선

51

Cyprianus
De bono patientiae

키프리아누스
인내의 유익

인내의 길

1. 사랑하는 형제 여러분, 나는 인내에 관하여 이야기하면서 그 유익과 이로움을 알려 드리고자 합니다. 인내 없이는 듣고 말하는 것 자체를 할 수 없고, 지금도 듣기 위해서는 여러분의 인내가 필요하다는 점을 내가 알고 있으니, 여기서부터 이야기를 시작해야 하지 않겠습니까? 말하는 바를 참을성 있게 듣는다면, 토론과 건전한 사유를 효과적으로 배우게 됩니다. 사랑하는 여러분, 우리의 희망과 믿음을 거룩한 상급의 오솔길로 이끌어 주는 천상 훈련의 다양한 길 가운데, 주님의 계명을 두렵고 경건한 마음으로 정성껏 지키고, 특히 오롯이 인내를 지키는 것보다 인생에 더 유익하거나 더 영광스러운 것을 나는 알지 못합니다.

철학자들의 거짓 인내

2. 철학자들도 인내를 추구하지만, 그들의 인내는 그들의 그릇된 지혜만큼이나 잘못된 것입니다. 하느님의 지혜와 인내를 모르는 자가 어떻게 지혜로울 수 있고 인내할 수 있겠습니까? 세상에서 스스로 지혜롭다고 여기는 자들에 관해 주님 몸소 이렇게 권고하시고 말씀하시기 때문입니다. "지혜

롭다는 자들의 지혜를 흩어 버리고 슬기롭다는 자들의 슬기를 단죄하리라"(이사 29,14 참조). 마찬가지로, 다른 민족들을 불러 가르치도록 파견된 복된 사도도 성령으로 가득 차서 이렇게 호소하며 가르칩니다. "아무도 철학과 헛된 거짓으로 여러분을 망치지 않도록 조심하십시오. 그런 것들은 사람들의 전통과 세상의 정령을 따르는 것이지, 그리스도를 따르는 것이 아닙니다. 온전히 충만한 신성이 그분 안에 머무르고 있기 때문입니다"(콜로 2,8-9 참조). 또 다른 구절에서는 이렇게 말합니다. "아무도 자신을 속여서는 안 됩니다. 여러분 가운데 자기가 지혜로운 이라고 생각하는 사람은 지혜롭게 되기 위해 이 세상에서 어리석은 이가 되어야 합니다. 이 세상의 지혜가 하느님께는 어리석음이기 때문입니다. '주님께서는 지혜롭다는 자들을 그들의 꾀로 붙잡으신다'고 기록되어 있습니다. 또 이렇게 기록되어 있습니다. '주님께서는 지혜롭다는 자들의 생각을 아시고, 그 생각이 어리석다고 여기신다'"(1코린 3,18-20 참조). 참된 지혜가 없다면 참된 인내도 있을 수 없습니다. 겸손하고 온유한 이에게 인내가 있을진대, 철학자들이란 겸손하지도 온유하지도 않다는 것이 우리의 생각입니다. 그들은 자만자족하는 자들로서, 자신을 좋아하는 이는 하느님 마음에 들 수 없습니다. 뻔뻔스런 방종이 도를 넘어, 벗어젖힌 반벌거숭이 가슴조차 부끄럼 없이 자랑해 대는 곳[1]에는 인내가 없는 것이 분명합니다.

인내의 원천이신 하느님

3. 사랑하는 형제 여러분, 우리는 말이 아니라 행동으로 철학자가 되고, 옷이 아니라 진리로써 지혜를 드러냅니다. 우리는 덕행을 뽐내기보다 마음 깊이 품고 있으며, 위대한 것에 대해 지껄이기보다 그것을 살고 있습니다. 하느님의 종이요 경배자인 우리는 하늘의 스승에게 배우는 인내를 영적 순명으로 드러내야 합니다. 이 인내는 우리와 하느님에게 공통된 덕입니다. 인내는 하느님에게서 시작하고, 그 광채와 존엄을 하느님에게서 받습니다. 이 덕의 기원과 위대한 원천은 하느님께 있습니다. 인간은 하느님께서 소중히 여기시는 선을 사랑해야 합니다. 존엄하신 하느님께서는 당신이 사랑하시는 선을 행하라고 권고하십니다. 하느님께서 우리 주님이시요 아버지시라면, 우리는 주님의 인내와 아버지의 인내를 따릅시다. 종들은 순종해야 마땅하듯, 자녀들이 악해서는 안 되는 까닭입니다.

인내의 유익

하느님의 인내

4. 당신의 존엄과 영광이 치욕을 겪는 상황에서도, 인간이 만들어 낸 더러운 신전과 세상의 우상과 신성모독을 참고 견디시는 하느님의 인내는 참으로 위대합니다. 그분은 선인에게나 악인에게나 똑같이 날을 만들어 주시고 해가 떠오르게 하십니다. 그분은 땅을 비로 적셔 주시고, 아무도 당신의 은혜에서 배제하지 않으시면서 의로운 이에게나 불의한 이에게나 똑같이 차별 없는 비를 내려 주십니다! 계절과 자연이 하느님의 뜻에 순종케 하시어, 죄 있는 이에게나 죄 없는 이에게나, 신심 깊은 이에게나 불경한 이에게나, 감사드리는 이에게나 배은망덕한 이에게나 차별 없이 똑같은 인내로 대한다는 사실을 살펴봅시다. 바람이 불고, 샘물이 흐르고, 풍성한 수확이 늘어나고, 포도밭의 열매가 무르익고, 나뭇가지에 사과가 주렁주렁 달리고, 수풀이 무성해지고, 들에는 꽃이 핍니다. 하느님께서는 끊임없이 되풀이되는 상처를 받으시면서도 당신 분노를 가라앉히시고, 정해진 단 한 차례 응보의 날을 참을성 있게 기다리십니다. 복수하실 능력을 지니고 계시면서도 오랫동안 인내하시기를 더 원하시고, 인자하게 참아 주시고, 가능한 한 처벌을 미루어 주십니다.

그리하여 벌을 유예받은 죄악을 언젠가는 크게 돌이킴으로써, 오류와 죄악에 감염된 인간이 늦게라도 하느님께 돌아올 수 있도록 당신 몸소 이렇게 경고하십니다. "나는 죽는 이의 죽음을 원치 않고, 오히려 그가 돌아서서 살기를 원한다"(에제 33,11 참조). 또 이렇게도 말씀하십니다. "주 너희 하느님께 돌아오너라. 그는 자비롭고 너그럽고 참을성 있고 자애가 큰 이, 죄악에 진노하다가도 판결을 바꾸는 이다"(요엘 2,13 참조). 복된 사도 바오로도 이 말씀을 기억하여 죄인들이 회개하도록 호소하면서 이렇게 말합니다. "하느님의 그 큰 호의와 관용과 인내를 업신여기는 것입니까? 그분의 인내와 호의가 그대를 회개로 이끈다는 것을 모릅니까? 그러나 그대는 회개할 줄 모르는 완고한 마음으로 하느님의 의로운 재판이 이루어지는 진노와 계시의 날에 그대에게 쏟아질 진노를 쌓고 있습니다. 하느님께서는 각자에게 그 행실대로 갚으실 것입니다"(로마 2,4-6 참조). 인간에게 생명을 주시기 위해 하느님의 오랜 인내로 심판이 늦어지고 오랫동안 연기되기 때문에 하느님의 심판은 의롭다고 했습니다. 그러나 참회해도 더 이상 죄를 용서받는 데 아무 소용이 없게 될 바로 그때에 불경한 이와 죄인은 벌을 받게 될 것입니다.

인내의 유익

그리스도의 인내

5. 사랑하는 형제 여러분, 인내가 하느님의 것이고, 인정 많고 참을성 있고 온유한 사람은 하느님 아버지를 닮은 사람이라는 사실을 우리가 더 확실히 깨달을 수 있도록, 주님께서는 당신 복음에서 구원의 계명을 주시고 완전해지라고 권고하시면서 이런 말씀으로 제자들을 가르치셨습니다. "'네 이웃을 사랑해야 한다. 그리고 네 원수는 미워해야 한다'고 이르신 말씀을 너희는 들었다. 그러나 나는 너희에게 말한다. 너희는 너희 원수를 사랑하여라. 그리고 너희를 박해하는 자들을 위하여 기도하여라. 그래야 너희가 하늘에 계신 너희 아버지의 자녀가 될 수 있다. 그분께서는 선인에게나 악인에게나 당신의 해가 떠오르게 하시고, 의로운 이에게나 불의한 이에게나 비를 내려 주신다. 사실 너희가 너희를 사랑하는 이들만 사랑한다면 무슨 상을 받겠느냐? 그것은 세리들도 하지 않느냐? 그리고 너희가 너희 형제들에게만 인사한다면, 너희가 하는 특별한 것이 무엇이겠느냐? 그런 것은 다른 민족 사람들도 하지 않느냐? 그러므로 하늘의 너희 아버지께서 완전하신 것처럼 너희도 완전한 사람이 되어야 한다" (마태 5,43-48 참조). 하느님 아버지의 인내가 우리 안에 깃들어

있다면, 아담이 죄로 잃어버린 하느님과 비슷한 모습[2]이 우리 행실로 드러나고 빛나게 된다면 우리는 하느님의 완전한 자녀가 되고 거룩한 탄생으로 회복되어 완성되리라고 알려 주시고 가르쳐 주셨습니다. 하느님과 비슷하게 된다는 것은 얼마나 큰 영광입니까! 하느님을 찬미하는 데 어울릴 만한 것을 우리의 덕행으로 지니게 된다는 것은 얼마나 큰 행복입니까!

그리스도의 위대한 인내

6. 사랑하는 형제 여러분, 우리 주님이시며 하느님이신 예수 그리스도께서는 이것을 말씀으로만 가르치신 것이 아니라 행동으로도 이루어 내셨습니다. 아버지의 뜻을 행하기로 작정하셨노라 말씀하신 분께서는 하느님 위엄의 표지를 드러낸 수없이 놀라운 덕행들 가운데 하느님 아버지의 인내 또한 한결같은 너그러움으로 지켜 내셨습니다. 세상에 오시는 순간부터 시작된 그분의 모든 행위 가운데 인내가 단연 돋보입니다. 무엇보다도 하느님의 아드님께서는 하늘 높은 데서 땅으로 내려오시면서 인간의 육을 입으시기를 망설이지 않으셨고, 죄인도 아니면서 다른 사람들의 죄를 짊어지

인내의 유익

기를 마다하지 않으셨습니다(참조: 마태 27,50-58; 마르 15,37.45; 루카 23,46-53; 요한 19,30.40; 사도 13,29; 로마 5,6; 6,10; 8,34; 1코린 5,15; 1테살 5,10). 당신의 불사불멸을 잠시 내려놓으시고, 모든 죄인의 구원을 위해 죄 없이 돌아가시기 위해 죽을 운명을 겪으십니다. 주님께서 종에게 세례를 받으십니다. 죄의 용서를 베푸실 그분께서 재생의 세례로 몸을 씻기를 거부하지 않으십니다. 다른 이들을 먹여 살리시는 분께서 사십 일 동안 단식하십니다. 당신 말씀과 은총에 굶주린 이들을 천상의 빵으로 배불리시기 위해 목마름과 배고픔을 겪으십니다. 주님께서는 유혹하는 악마와 겨루실 때 원수를 이긴 것에 만족하실 뿐 지나친 말씀은 전혀 하지 않으십니다. 그분은 주인 권력으로 종 다루듯 제자들을 대하지 않으시고, 형제적 사랑으로 다정하고 온유하게 그들을 사랑해 주셨습니다. 그분께서는 사도들의 발까지 기꺼이 씻어 주셨습니다. 주님이신 그분께서는 종들에게 이렇게 행동하심으로써 더불어 살아가는 동등한 권리를 지닌 이들에게 어떤 동료 봉사자가 되어야 하는지 본보기로 가르쳐 주셨습니다. 지극히 오랜 인내로 유대인을 끝까지 참아 주실 수 있었던 그분, 원수와 함께 음식을 잡수실 수 있었던 그분, 한 식구인 제자들 가운데 하나가 원수라는 사실을 아시면서도 대놓고 밝히지 않으실 수 있었던 그분, 배신자의 입맞춤도 거부하지 않으실 수 있었던 그분께서 당신 제자들에게 그리하신 것은 놀랄 일이 아닙니다. 유대인들을 참아 주신 위대한 너그러움과 위대한 인내여! 불신자들을 설득하여 믿음으로 되돌리시고, 배은망덕한 이들을 친절하게 품어 안으시며, 맞서는 이들에게 부드럽게 대답하시고, 교만한 이들을 너그럽게 참아 주시며, 박해자들에게 겸손하게 당신을 내어 주시고, 예언자들을 죽이던 자들과 하느님께 늘 반항하던 자들을 십자가와 수난의 순간까지도 모아 내려 하신 위대한 인내여!

그리스도의 수난과 인내의 완성

7. 수난 때에 그리고 십자가에서 그분은 참혹한 죽음으로 피를 쏟으시기 전까지 저속한 모욕을 참을성 있게 들으셨고, 혐오스런 능욕을 견디셨습니다. 얼마 전에 당신 침으로 눈먼 이의 눈을 어루만져 주셨던 그분께서 당신을 모욕하는 자들의 침 뱉음을 받으셨습니다. 주님의 종들인 우리가 지금 당신 이름으로 악마와 그 졸개들에게 휘두르고 있는 그 채찍질을 견디셨습니다. 순교자들에게 영원한 화관을 씌

위 주시는 그분께서 가시관을 쓰셨습니다. 승리자들에게 참된 종려가지를 주시는 분께서 종려가지로 뺨을 맞으셨습니다(참조: 마태 27,30; 마르 15,19; 요한 19,3). 다른 이들에게 불사불멸의 옷을 입혀 주시는 분께서 지상의 옷을 벗기우셨습니다. 천상의 음식을 주신 분께서 쓸개즙을 드셨고, 구원의 음료를 주신 분께서 식초를 마시셨습니다. 무죄하신 그분, 의로우신 그분, 아니 무죄 자체이신 분, 정의 자체이신 분께서 범죄자 취급을 받으셨고, 진리는 거짓 증언으로 짓밟혔습니다(참조: 루카 23,2; 마태 27,12; 마르 15,3). 심판하실 분께서 심판을 받으셨고, 하느님의 말씀께서 말없이 희생되셨습니다. 주님의 십자가 앞에서 별들이 어두워지고, 세상 토대가 뒤집어지고, 땅이 뒤흔들리고, 밤이 낮을 캄캄하게 만들고, 해는 유대인의 죄악을 차마 보지 못해 빛줄기를 거두어 자기 눈을 닫습니다. 주님께서는 수난하시는 동안 말씀하지도 않으시고, 동요하지도 않으시고, 당신의 엄위를 드러내지도 않으십니다(이사 53,7 참조). 그리스도 안에서 충만하고 완전한 인내가 완성되도록 끊임없는 항구함으로 모든 것을 끝까지 참으셨습니다.

인내와 용서

8. 이 모든 것이 끝난 뒤에도 그분께서는 당신을 죽인 이들이 회개하여 당신께 돌아오게 하시려고 끊임없이 모아들이십니다. 인자하신 그분께서는 구원의 인내로 그들을 지키시어 당신 교회에서 아무도 배제하지 않으십니다. 그 적대자들, 그 신성모독자들, 언제나 당신 이름을 반대하는 그 원수들이 죄를 뉘우치고 자기가 저지른 죄악을 깨닫도록 죄의 용서뿐 아니라 하늘 나라의 상급을 베푸십니다. 이보다 더 큰 인내와 이보다 더 큰 자비를 말할 수 있겠습니까? 그리스도의 피를 쏟아 낸 자가 그리스도의 피로 생명을 얻습니다. 이것이 그리스도의 위대한 인내입니다. 그리스도의 인내가 이처럼 크고 위대하지 않았다면 교회는 바오로 사도도 가질 수 없었을 것입니다.

그리스도의 본보기

9. 사랑하는 형제 여러분, 우리도 그리스도 안에 있다면, 우리가 그분을 입었다면(참조: 로마 13,12-14; 갈라 3,27; 에페 4,22-24), 그분께서 우리 구원의 길이시라면, 그 구원의 길에서 그리스도를 따르는 우리는 요한 사도가 가르쳐 주는 대로 그리

스도의 본보기를 통해 나아가도록 합시다. "그리스도 안에서 머무른다고 말하는 사람은 자기도 그리스도께서 걸어가신 대로 걸어가야 합니다"(1요한 2,6 참조). 인자하신 주님께서는 베드로 위에 당신 교회를 세우셨으니, 베드로도 자신의 편지에서 똑같은 말을 합니다. "그리스도께서는 여러분을 위하여 고난을 겪으셨고 당신의 길을 따르라고 여러분에게 본보기를 남겨 주셨습니다. 그분은 죄를 짓지 않으셨고 그 입술에는 어떠한 거짓도 없습니다. 그분께서는 모욕을 당하시면서도 모욕으로 갚지 않으시고 고통을 당하시면서도 위협하지 않으시고, 의롭게 심판하시는 분께 당신 자신을 맡기셨습니다"(1베드 2,21-23 참조).

성조들과 예언자들과 의인들의 인내

10. 일찍이 그리스도를 닮은 모습으로 그분을 미리 보여 준 성조들과 예언자들과 모든 의인들을 살펴보면, 그들이 용기 있고 확고한 신념으로 간직해 온 덕행들 가운데 인내보다 더 칭송받을 만한 것은 없습니다. 순교의 기원이자 의인의 고통을 처음으로 겪은 아벨이 그러하였으니, 그는 자신을 살해하는 형제에 맞서지도 방어하지도 않고, 오히려 겸손과

온유로 참아 내며 죽임을 당합니다(창세 4,8 참조). 하느님을 믿고 신앙의 뿌리와 토대를 처음으로 놓은 아브라함도 그러하였으니, 아들이 걸린 시험을 받았을 때에도 의심하지도 망설이지도 않고 하느님의 명령에 온전하고 경건한 인내로써 순종합니다(창세 22,1-19 참조). 주님의 희생을 비슷하게 미리 보여 주는 이사악도 아버지에 의해 번제물로 바쳐질 때 인내하는 모습을 보여 줍니다(창세 22,1-19 참조). 자기 땅에서 형제에게 쫓겨난 야곱도 인내하면서 떠나가고, 여전히 자신을 박해하던 불경한 자에게 평화의 선물로 애원하면서 다시 화해합니다(참조: 창세 28,1-5; 32,14-21; 33,1-16). 형제들에게 팔려 옥에 갇혔던 요셉은 형제들의 잘못을 참아 주면서 모른 체할 뿐 아니라, 자기를 찾아온 그들에게 너그럽고 관대하게 곡식을 거저 나누어 줍니다(참조: 창세 37,12-28; 42,19.25-28). 모세는 배은망덕하고 불충한 백성에게 자주 멸시받고 돌팔매질을 당할 뻔합니다. 그럼에도 온유하고 참을성 있는 모세는 그들을 위해 주님께 기도합니다(참조: 탈출 15,24; 16,2; 17,2-3; 민수 14,2 이하; 20,2 이하). 그리스도의 육적 탄생은 다윗에게서 시작되었는데, 다윗 안에는 얼마나 위대하고 놀랍고 그리스도인다운 인내가 있었습니까! 자신을 박해하고 살해하려던

사울 임금을 죽일 기회가 여러 차례 있었습니다. 그러나 다윗은 임금이 자기 손에 들어왔을 때 원수를 갚지 않고 오히려 그를 살려 주었으며, 임금이 살해되었을 때는 그의 원수를 갚아 주기까지 했습니다(참조: 1사무 24장; 26,7-12.21-25; 2사무 1,1-16). 얼마나 많은 예언자들이 죽임을 당했으며, 얼마나 많은 순교자들이 영광스러운 죽음의 영예를 얻었습니까! 이 모든 이는 인내의 미덕으로 화관을 받았습니다. 고통과 수난 속에서도 인내가 앞서가지 않는다면, 고통과 수난의 화관을 받을 수 없습니다.

인내의 필요성

11. 사랑하는 형제 여러분, 인내가 얼마나 유익하고 필요한지 더 분명하고 온전하게 알기 위해서는, 아담이 주어진 명령을 잊고서 법을 위반함으로써 세상과 인류 최초로 받았던 하느님의 단죄를 생각합시다. 그러면 이러한 고생과 싸움을 겪도록 태어난 우리가 이 세속에서 얼마나 인내해야 하는지 이해하게 될 것입니다. "이렇게 말씀하셨다. '네가 네 아내의 말을 듣고, 내가 너에게 그것만은 따 먹지 말라고 명령한 그 나무에서 열매를 따 먹었으니, 땅은 너의 모든 행위로 저주

를 받으리라. 너는 네 생애의 모든 날에 슬픔과 탄식 속에서 땅을 부쳐 먹으리라. 땅은 너에게 가시덤불과 엉겅퀴를 돋 게 하고 너는 들의 풀을 먹으리라. 너는 흙에서 나왔으니 흙 으로 돌아갈 때까지 네 얼굴에 땀을 흘려야 네 양식을 먹을 수 있으리라. 너는 흙이니 흙으로 돌아가리라"(창세 3,17-19 참 조). 죽어서 이 세상에서 떠나갈 때까지 우리 모두는 이 판결 의 사슬에 묶여 있고 죄여 있습니다. 우리 생애의 모든 날에 슬픔과 탄식이 따르게 되어 있고, 우리는 땀 흘려 고생해야 밥을 먹습니다.

피할 수 없는 고달픈 삶

12. 그래서 우리는 저마다 태어나서 이 세상살이에 들어올 때 눈물로 시작하는 것입니다. 아직 아무것도 모르고 무지 하지만 제 생애의 첫 순간에 우는 것만큼은 알고 있습니다. 자연의 섭리로 말미암아 자신이 들어온 죽을 인생의 번민과 세상의 고생과 폭풍을 탄식하게 되는데, 갓난아기는 곧바로 자신의 눈물과 탄식으로 이를 증언합니다. 이승에서 사는 동안에는 고생하면서 땀을 흘리게 마련입니다. 땀 흘리고 고생하는 사람들에게 도움이 될 만한 위로들 가운데 인내보

인내의 유익

다 더 큰 것은 없습니다. 이 방법이 이 세상 모든 이에게 알맞고 필요하다면, 덤벼드는 악마에게 어마어마한 괴롭힘을 당하고 있는 우리에게는 더욱더 그러합니다. 왜냐하면 우리는 노회하고 숙련된 원수와 벌이는 전투로 고생하면서 날마다 그 싸움에 맞서고 있기 때문입니다(에페 6,11-12 참조). 우리는 유혹에 맞서 다양하고 지속적인 전투를 펼치는 것 이외에도, 박해의 전투에서 재산을 포기하고, 감옥살이를 겪고, 쇠고랑을 차고, 목숨을 잃고, 칼과 맹수와 불과 십자가와 온갖 종류의 고문과 형벌을 믿음과 인내의 미덕으로 견뎌 내야 합니다. 주님께서 우리에게 이렇게 가르쳐 주시고 말씀하신 데 따른 것입니다. "내가 너희에게 이 말을 한 이유는, 너희가 내 안에서 평화를 얻게 하려는 것이다. 너희는 세상에서 고난을 겪을 것이다. 그러나 용기를 내어라. 내가 세상을 이겼다"(요한 16,33). 악마와 세상을 끊어 버린 우리가 악마와 세상의 탄압과 공격을 더 자주 더 가혹하게 겪게 되어 있다면, 하느님을 조력자요 동맹으로 모시고 온갖 어려움을 견뎌 낼 수 있으려면 얼마나 더 큰 인내를 지녀야 하겠습니까!

희망과 믿음으로 이어지는 인내

13. 우리 스승이신 주님께서는 구원의 계명을 주십니다. "끝까지 견디는 이는 구원을 받을 것이다"(마태 10,22). 다시 이렇게 말씀하십니다. "너희가 내 말 안에 항구하게 머무르면 참으로 나의 제자가 된다. 그러면 너희가 진리를 깨닫게 될 것이다. 그리고 진리가 너희를 자유롭게 할 것이다"(요한 8,31-32 참조). 사랑하는 형제 여러분, 우리는 진리와 자유의 희망 속에 받아들여졌으니 진리와 자유에 다다를 수 있도록 인내하고 항구하게 머물러야 합니다. 우리가 그리스도인이라는 사실 자체는 믿음과 희망의 선물입니다. 그러나 희망과 믿음이 열매를 맺으려면 인내가 꼭 필요합니다. 그러므로 현세의 영광을 좇지 말고 미래의 영광을 추구합시다. 이에 관해 바오로 사도도 이런 권고의 말을 합니다. "우리는 희망으로 구원을 받았습니다. 보이는 것을 희망하는 것은 희망이 아닙니다. 보이는 것을 누가 무엇 때문에 희망합니까? 우리는 보이지 않는 것을 희망하기에 기다림을 통해 희망합니다"(로마 8,24-25 참조).[3] 우리 안에서 시작된 일을 완성하고, 하느님의 도우심으로 우리가 희망하고 믿는 바를 얻기 위해서는 기다림과 인내가 필요합니다. 바오로 사도도 다른 구절에서, 의

인내의 유익

로운 이들과 선을 행하는 이들과 하늘에 보화를 쌓으며 거룩한 이자를 늘리는 이들에게도 인내하라고 가르치며 이렇게 말합니다. "그러므로 시간이 있을 때 모든 사람에게, 특히 믿음의 가족들에게 좋은 일을 합시다. 낙심하지 말고 계속 좋은 일을 합시다. 포기하지 않으면 제때에 수확하게 될 것입니다"(갈라 6,9-10 참조). 아무도 인내심 없이 선행에 소홀해서도 안 되고, 유혹에 휘말리거나 굴복해서도 안 되며, 찬미하며 걸어가는 영광의 여정을 포기해서도 안 된다는 권고입니다. "길을 잃고 방황하는 날에는 의인의 의로움도 자신을 구원하지 못할 것이다"(에제 33,12 참조)라고 쓰여 있듯이, 과거의 업적은 사라지고 시작한 일들은 완성된 것이 아니기 때문입니다. 또 이렇게 말씀하십니다. "네가 가진 것을 굳게 지켜, 다른 사람이 네 화관을 빼앗지 못하게 하여라"(묵시 3,11 참조). 이 말씀은 인내심을 가지고 용기 있게 버티라는 격려입니다. 그리하여 이미 가까이 있는 영광스러운 화관에 다가가려고 애쓰는 이는 굳건한 인내로 화관을 받아 쓰라는 것입니다.

선을 지키고 악을 물리치는 인내

14. 사랑하는 형제 여러분, 인내는 선을 지킬 뿐 아니라 악을 물리치기도 합니다. 성령과 하나 되고 하늘의 거룩한 존재들과 연합하여, 영혼을 공격하고 사로잡으려는 육과 육체의 행실에 맞서 자기 덕행의 요새로 방어해야 합니다. 작은 것에서도 다양한 것들을 이해할 수 있으니, 많은 것 가운데 조금만 살펴보도록 합시다. 간음과 사기와 살인은 죽을죄입니다. 마음에 인내가 튼튼하고 안전하게 자리 잡고 있으면, 하느님의 성전인 거룩해진 몸이 간음으로 더러워지지 않을 것이고, 정의의 순수함은 기만이라는 전염병에 감염되지 않을 것이며, 성체를 받아 모신 손이 칼과 피로 더러워지지 않을 것입니다.

모든 것을 견디어 내는 사랑

15. 사랑은 형제애의 끈이고, 평화의 토대이며, 일치의 튼튼하고 굳건한 고리입니다. 사랑은 희망과 믿음보다 더 위대하며, 선행과 순교보다 뛰어납니다. 사랑은 언제까지나 우리와 함께하며, 하늘 나라에서도 영원히 남을 것입니다. 사랑에서 인내를 제거해 보십시오. 인내 없는 사랑은 오래가

지 못합니다. 사랑에서 참고 견디는 힘을 없애 보십시오. 아무런 뿌리도 힘도 없기 때문에 꾸준히 이어지지 못합니다. 바오로 사도는 사랑에 관해 말하면서, 사랑을 참을성과 인내와 연관 짓습니다. "사랑은 관대합니다. 사랑은 친절합니다. 사랑은 시기하지 않고 뽐내지 않으며 성을 내지 않고 악을 생각하지 않습니다. 사랑은 모든 것을 사랑하고 모든 것을 믿으며 모든 것을 바라고 모든 것을 견디어 냅니다"(1코린 13,4-7 참조)라고 합니다. 바오로 사도는 사랑은 모든 것을 견디 낼 줄 알기 때문에 꾸준히 지속될 수 있다고 밝힙니다. 다른 곳에서도 이렇게 말합니다. "사랑으로 서로 참아 주며, 성령께서 평화의 끈으로 이루어 주신 일치를 보존하도록 애쓰십시오"(에페 4,2-3 참조). 형제들이 서로 참아 주고, 인내의 도움을 받아 화합의 유대를 지키지 않는다면 일치도 평화도 지킬 수 없음을 증명한 것입니다.

인내 없이는 실천할 수 없는 주님의 계명

16. 그대가 맹세하지도 모욕하지도 않고, 그대의 빼앗긴 재산을 되찾으려 하지도 않으며, 한쪽 뺨을 맞으면 때리는 사람에게 다른 쪽 뺨을 돌려 대고, 그대에게 죄짓는 형제에

게 일흔일곱 번뿐 아니라 모든 죄를 완전히 용서해 주며(마태 18,22 참조), 그대의 원수를 사랑하고, 적대자들과 박해자들을 위해 평화를 빌어 주기 위해서는 어떻게 해야 하겠습니까?(마태 5,44 참조). 인내와 참을성의 튼튼한 토대를 갖추지 않는다면 이런 일을 어찌 완수할 수 있겠습니까? 스테파노가 어떻게 했는지 봅시다. 그는 유대인에게 돌에 맞아 죽을 때에도 복수해 달라고 청하지 않고 살해자들을 용서해 달라며 이렇게 기도했습니다. "주님, 이 죄를 저 사람들에게 돌리지 마십시오"(사도 7,59 참조). 모름지기 그리스도의 첫 순교자는 이래야 했습니다. 스테파노는 자기를 뒤따르게 될 순교자들을 자신의 영광스러운 죽음으로 앞서가면서 주님의 수난을 선포했을 뿐 아니라, 더없이 위대한 인내의 온유함도 본받았습니다. 그리스도인에게 있어서는 안 될 분노와 불화와 다툼에 관해서 제가 무슨 말씀을 드리겠습니까? 마음속에 인내가 있으면 이따위 것들이 자리 잡을 수 없습니다. 이런 것들이 생기려고 하면 즉시 떨쳐 버리기 때문입니다. 그러면 평화의 하느님께서 즐겨 머무시는 평화로운 집이 마음속에 보존될 것입니다. 사도는 또 이렇게 권고하며 가르칩니다. "하느님의 성령을 슬프게 하지 마십시오. 여러분은 속량의 날을 위하여 성령 안에서 인장을 받았습니다. 모든 가혹함과 격분과 분노와 폭언과 욕설을 여러분에게서 내버리십시오"(에페 4,30-31 참조). 그리스도인이 격정과 바다의 폭풍과 같은 육체적 욕망을 멀리하고, 고요하고 잔잔한 그리스도의 항구에 이미 머물기 시작했다면, 분노와 불화를 가슴속에 담아 두지 말아야 합니다. 악을 악으로 갚는 것도, 원한을 품는 것도 옳지 않기 때문입니다.

인생의 고통을 이겨 내는 인내

17. 인류가 날마다 고생하고 시달리는 육의 여러 가지 병고와 육체의 잦고 심각한 고통 때문에라도 인내는 필요합니다. 계명을 거스른 첫 범죄로 육체의 건강과 불사불멸을 잃었고 죽음과 함께 병고가 왔기 때문에, 불사불멸을 다시 얻기 전까지는 건강을 회복할 수 없습니다. 그래서 이 허약함과 육체적 병고 때문에 늘 싸우고 투쟁해야 합니다. 이 싸움과 투쟁을 인내의 덕행이 아니고는 버텨 낼 수 없습니다. 우리를 시험하고 떠보는 온갖 고통들이 밀어닥칩니다. 재산의 상실, 고열, 상처의 고통, 사랑하는 이들을 잃음으로 말미암은 갖가지 유혹을 겪게 됩니다. 불의한 이들과 의로운 이들

을 식별하는 데는 이보다 더 확실한 기준이 없으니, 불의한 이들은 역경을 당하면 인내심 없이 불평하고 하느님을 원망하지만, 의로운 이들은 인내로써 검증됩니다. 이는 "고통 속에서 견뎌 내고, 겸손 안에서 너의 인내심을 가져라. 금과 은은 불로 단련되기 때문이다"(참조: 로마 12,17; 집회 2,5)라고 쓰여 있는 바와 같습니다.

욥과 토빗의 본보기

18. 욥은 이처럼 시험에 들었다가 인정을 받았으며, 인내의 덕행으로써 최고의 영광으로 나아갔습니다. 악마는 욥을 거슬러 얼마나 많은 창을 던졌으며, 얼마나 많은 고문을 가했습니까! 악마는 그의 가산을 흩어 버렸고, 수많은 자녀를 앗아 갔습니다. 재산으로는 부유한 주인이요 자녀로는 더 부유한 아버지였다가, 갑자기 더 이상 주인도 아버지도 아닌 존재가 되었습니다. 온통 종기투성이에, 진물이 흘러내리는 사지를 벌레들이 게걸스레 갉아먹습니다. 욥을 더 이상 유혹으로 시험에 들게 할 여지가 남아 있지 않자 악마는 아내를 부추깁니다. 마치 태초에 그랬던 것처럼 여자를 통해 모든 이를 속이고 오류에 빠뜨릴 수 있다는 듯, 악마는 자기 죄

악의 옛 솜씨를 사용합니다. 그럼에도 욥은 힘겹고 벅찬 싸움에도 꺾이지 않고, 곤경과 환란 속에서도 승리하는 인내로써 하느님을 찬미합니다. 토빗도 정의와 자비의 놀라운 일을 행한 다음 시력을 잃는 시험을 받았지만 참을성 있게 눈먼 상태를 견뎌 내고 하느님께 인내의 칭찬을 흠뻑 들었습니다.

인내의 열매들

19. 사랑하는 형제 여러분, 인내의 선이 더 빛날 수 있도록, 어떤 악이 정반대로 참을성 없는 마음을 빚어내는지 살펴봅시다. 인내가 그리스도의 선이듯, 그 반대로 참을성 없는 마음은 악마의 죄악입니다. 그리스도를 자기 안에 모시고 사는 사람은 참을성이 있듯이, 악마의 죄악에 그 정신이 사로잡힌 자는 늘 참을성이 없습니다. 인간의 기원 자체를 살펴봅시다. 악마는 인간이 하느님의 모상으로 만들어졌다는 사실을 참을 수 없었습니다. 그래서 악마는 최초로 자멸하고 인간을 파멸시켰습니다. 생명의 열매에 관한 하늘의 계명을 참을성 없이 거스른 아담은 죽음에 빠져 하느님께 받은 은총을 인내로써 지키지 못했습니다. 카인은 동생의 제사와

예물을 견디지 못해 아우를 죽였습니다. 에사우는 불콩죽 먹고 싶은 마음을 참지 못해서 맏아들의 권리를 잃어버리고 낮은 자리로 떨어졌습니다. 하느님께 배은망덕하고 감사드리지 않는 유대 백성에 관해서는 무슨 말을 하겠습니까? 그들은 하느님에게서 처음 떠났을 때부터 인내하지 못하는 범죄를 저지르지 않았습니까? 모세가 하느님과 대화하는 시간이 길어지는 것을 참지 못한 그들은 세속의 신들을 감히 요구했고, 소의 머리와 지상의 형상들을 자신들의 여정을 안내해 줄 인도자로 삼고자 했습니다(탈출 32장 참조). 이 백성은 자신들의 변덕스러운 마음을 버리지 않았습니다. 그들은 하느님의 온유한 권고를 언제나 견디지 못한 채 자신들의 예언자들과 모든 의인들을 살해했으며, 나아가 주님이 십자가에서 피까지 쏟게 했습니다. 교회 안에서도 참을성 없는 마음이 이단들을 만들고, 유대인들이 그러했던 것처럼, 그리스도의 평화와 사랑을 거슬러 반항하는 자들을 적개심 가득한 광적 증오로 몰아붙입니다. 길게 하나하나 다 예를 들지 않고 마무리하자면, 인내가 선행을 통해 영광스레 세워나가는 모든 것을 참을성 없는 마음이 파멸적으로 허물어 버린다고 하겠습니다.

인내의 유익

인내의 미덕

20. 사랑하는 형제 여러분, 인내의 선과 참을성 없는 마음의 악을 부지런히 살펴보았으니, 인내를 통해 그리스도 안에 머물고 그리스도와 함께 하느님께 나아가기 위해 각별한 주의를 기울입시다. 풍요롭고 다양한 인내는 좁은 울타리에 갇히지도 않고, 얄팍한 한계에 얽매이지도 않습니다. 인내의 덕은 드넓게 뻗어 나가고, 그 풍요로움과 넉넉함은 유일한 샘에서 흘러나옵니다. 그러나 넘쳐흐르는 물줄기는 수많은 영광스러운 길을 통해 퍼져 나갑니다. 우리 행위에서 그 완성의 토대를 인내에서 얻지 못하면 우리는 아무것도 이루어 낼 수 없습니다. 인내는 우리를 하느님께 맡겨 주고 지켜 줍니다. 인내는 화를 가라앉히고, 혀를 제어하며, 정신을 다스리고, 평화를 지켜 주며, 규율을 통제하고, 정욕의 충동을 억제하며, 분노의 폭력을 억누르고, 앙심의 불을 끕니다. 인내는 부자들의 권세를 단속하고, 가난한 이들의 어려운 사정을 따뜻하게 돌봐 주며, 동정녀들의 한결같은 복된 마음을 보호해 주고, 과부들의 힘겨운 정결을 지켜 주며, 부부의 갈라지지 않는 사랑을 유지해 줍니다. 인내는 번영 중에는 겸손하게 만들어 주고, 역경 속에서는 강하게 해 주며, 비난

과 모욕에도 온유하게 해 줍니다. 인내는 죄짓는 이들을 곧바로 용서하도록 가르쳐 주고, 그대 자신이 죄를 지을 경우 오랫동안 많이 기도하도록 가르쳐 줍니다. 인내는 유혹을 물리치고, 박해를 견디며, 수난과 순교를 완성합니다. 인내는 우리 신앙의 토대를 튼튼하게 놓으며, 희망을 드높이 키워 줍니다. 인내는 행동을 바로잡아 우리가 그리스도의 너그러움을 따라 그분의 길을 걸어가게 해 줍니다. 인내는 하느님의 자녀인 우리가 아버지의 인내를 본받으며 항구할 수 있게 해 줍니다.

보복하지 않는 인내

21. 사랑하는 형제 여러분, 많은 이들이 자신이 당한 심한 모욕이나 자신을 거슬러 덤벼들고 미쳐 날뛰는 이들에게 받은 고통에 대해 당장 보복하고 싶어 한다는 것을 나는 알고 있습니다. 비록 세상 격랑의 소용돌이 속에서 유대인들이나 다른 민족들이나 이단자들의 박해 가운데 있다 할지라도 우리는 참을성 있게 하느님께서 마련하신 복수의 날을 기다려야 하며, 성급하게 불평을 늘어놓으면서 우리가 겪은 고통을 서둘러 보복하려 해서는 안 된다는 점도 이 끝부분에

서 분명히 말씀드려야겠습니다. 이에 관해 이렇게 쓰여 있기 때문입니다. "나를 기다려라. 주님께서 말씀하신다. 내가 증언하기 위해 부활하는 날, 나의 심판은 민족들을 불러 모으는 것이며, 나는 왕들을 끌어내어 그들 위에 내 분노를 쏟아부으리라"(스바 3,8 참조). 주님께서는 우리에게 기다리라고 명령하시고, 강한 인내로 복수의 날까지 견디라고 명하십니다. 묵시록에서도 이렇게 말씀하십니다. "이 책에 기록된 예언 말씀을 봉인하지 마라. 이미 그때가 다가왔기 때문이다. 해로운 일을 계속하는 자는 해로운 일을 저지르고, 더러운 자는 계속 더러운 채로 있어라. 의로운 이는 계속 더 의로운 일을 하고, 마찬가지로, 거룩한 이는 계속 더 거룩한 일을 하여라. 보라, 내가 곧 간다. 나의 상도 내가 가져가서 각 사람에게 자기 행실대로 갚아 주겠다"(묵시 22,10-12 참조). 고통에 짓눌려 자기 원수를 갚아 달라고 울부짖는 순교자들은 아직 기다리라는 명령과, 때가 차서 순교가 완성될 때까지 인내하라는 명령을 받습니다. 그분께서는 이렇게 말씀하십니다. "어린 양이 다섯째 봉인을 뜯으셨을 때, 나는 하느님의 말씀과 자기들이 한 증언 때문에 살해된 이들의 영혼이 하느님의 제단 아래에 있는 것을 보았습니다. 그런데 그들이 큰 소리로 외쳤습니다. '거룩하시고 참되신 주님, 저희가 흘린 피에 대하여 땅의 주민들을 심판하고 복수하시는 것을 언제까지 미루시렵니까?' 그러자 그들 각자에게 희고 긴 겉옷이 주어졌습니다. 그리고 그들은 자기들처럼 나중에 죽임을 당할 동료 종들과 형제들의 수가 찰 때까지 조금 더 쉬고 있으라는 분부를 받았습니다"(묵시 6,9-11 참조).

최후의 심판

22. 성령께서는 의로운 이의 피에 대한 하느님의 복수가 언제 이루어지는지 말라키 예언자를 통해서 말씀하십니다. "보라, 화덕처럼 불붙는 주님의 날이 온다. 거만한 자들과 악을 저지르는 자들은 모두 검불이 되리니 다가오는 그날이 그들을 불살라 버리리라. 주님께서 말씀하신다"(말라 3,19 참조). 같은 말씀을 시편에서도 읽게 되는데, 거기서는 하느님의 존엄한 판결이 내려질 거룩한 심판의 영광스러운 도래가 선포됩니다. "우리 하느님, 하느님께서는 밝히 오시고 잠잠히 아니 오시네. 그분 앞에 불이 타오르고 그분 둘레에는 엄청난 폭풍이 이네. 그분께서 당신 백성을 갈라놓으시려 저 위 하늘과 저 아래 땅을 부르시리라. '그분의 의로운 이들을

그분께 모아라. 그들은 제사로 그분과 계약을 맺은 자들이
다.' 하늘이 그분의 의로움을 알리리니, 하느님께서 심판자
이시기 때문이네"(시편 50,3-6 참조). 이사야도 같은 내용을 이
렇게 선포합니다. "보라, 주님께서 불처럼 오시고, 그분의 병
거는 폭풍과 같다. 주님의 불로 심판을 받고 그분의 칼로 상
처를 입으리라"(이사 66,15-16 참조). 그리고 또 이렇게 말합니
다. "주 하느님께서 용사처럼 나가셔서 적들을 박살내시리
라. 그분께서는 대결을 펼치시리니, 당신 적들에게 용기 있
게 고함을 치시리라. 나는 입을 다물었지만, 마냥 침묵하겠
느냐?"(이사 42,13-14 참조).

마냥 침묵하지 않으실 그분

23. 처음에는 입을 다물었지만, 언제까지나 침묵하지는 않
겠노라고 말씀하시는 분은 누구십니까? 분명 희생 제물로
끌려가는 양처럼, 털 깎는 사람 앞에 있는 어린 양처럼 당신
입을 열지 않고 잠자코 계셨던 그분이십니다(이사 53,7 참조).
소리치지 않으시어 거리에서 그 소리가 들리지 않았던 그분
이 분명합니다(참조: 이사 42,2-3; 마태 12,15). 분명 당신 등에 채찍
질을 하고 뺨을 쳐도 저항하지 않으셨던 그분이시며, 침을

뺨어도 당신 얼굴을 돌리지 않으셨던 바로 그분이십니다(마르 15,19-20 참조). 사제들과 원로들에게 고발당하셨을 때 아무 대답도 하지 않으셨고 빌라도의 호기심에도 탁월한 인내로 침묵을 지키셨던 그분이십니다(참조: 마태 27,12-14; 요한 19,8). 이분은 수난의 시간에는 침묵하셨지만, 훗날 복수의 시간에는 침묵하지 않으실 것입니다. 이분은 우리 하느님, 곧 모두의 하느님이 아니라, 신실한 이들과 믿는 이들의 하느님이시며,⁴ 당신의 재림 중에 나타나실 때에는 침묵하지 않으실 것입니다. 전에는 겸손 안에 당신을 감추셨지만, 권능을 드러내며 오실 것입니다.

맺는 말

24. 사랑하는 형제 여러분, 우리의 심판관이시며 우리 원수를 갚아 주시는 이분을 기다립시다. 그분께서는 당신 교회의 백성과 세상이 시작된 이후 살았던 모든 의로운 이에게 합당한 방식으로 원수를 갚아 주실 것입니다. 그분의 복수를 재촉하고 서두르는 이는 복수하시는 분조차 아직 당신의 원수를 갚지 않으셨음을 생각하십시오. 묵시록에서 천사는 자신에게 경배하려는 요한에게 이렇게 말합니다. "이러

지 마라. 나도 너와 너의 형제들과 같은 종이기 때문이다. 주 예수님을 경배하여라"(묵시 22,9 참조). 하늘에서 경배받으시고 땅에서는 아직 복수하지 않으시니, 주 예수님은 얼마나 위대하시고 그분의 인내는 얼마나 위대합니까! 사랑하는 형제 여러분, 수난과 박해를 받을 때에 그분의 인내를 생각합시다. 온전한 순명으로 그분의 재림을 기다립시다. 종들인 우리가 주님 앞에서 불경하고 염치없는 조바심으로 복수하려고 서두르지 맙시다. 오히려 열성을 다해 노력하고, 온 마음으로 깨어 견디며 주님의 계명을 지킵시다. 그리하여 분노와 복수의 날이 올 때 불경한 자들과 죄인들과 함께 벌 받지 않고, 의로운 이들과 하느님을 두려워하는 이들과 함께 영광을 받도록 합시다.

Cyprianus
De zelo et livore

키프리아누스
시기와 질투

하찮은 범죄가 아닌 시기와 질투

1. 사랑하는 형제 여러분, 어떤 이들은 좋아 보이는 것을 시기하고 자기보다 잘난 이들을 질투하는 것이 가볍고 하찮은 범죄라고 여기기도 합니다. 가볍고 하찮다고 여기니 두려워하지 않고, 두려워하지 않으니 업신여기게 되고, 업신여기니 피하기도 쉽지 않습니다. 그리하여 보이지 않고 감추어진 파멸의 원인이 됩니다. 슬기로운 이들의 보살핌을 받을 수 있도록 제대로 주의를 기울이지 않으면 무심한 영혼은 드러나지 않게 파괴됩니다. 주님께서는 우리더러 슬기로워지라고 명하셨고, 조심스레 살피면서 깨어 있으라고 권고하셨습니다. 늘 깨어 노리고 있는 적대자가 마음속에 꿰뚫고 들어와, 작은 불씨에서 큰불을 일으키고, 작은 악을 최대한 부풀립니다. 그 적대자는 무방비 상태의 무심한 이들을 부드러운 바람과 살랑거리는 숨결로 꼬드긴 다음, 폭풍과 회오리바람을 일으켜 신앙을 파괴하고 구원과 생명을 난파시킵니다. 사랑하는 형제 여러분, 미쳐 날뛰는 원수에게 맞서고, 타격을 주고 상처를 입힐 수 있는 온갖 신체 부위를 노리고 있는 원수의 화살에 맑게 깨어 맞설 수 있도록 주의를 기울이고 온 힘을 다해 노력해야 하겠습니다. 이에 관하여 베

드로 사도는 자신의 서간에서 이렇게 미리 일러 주고 가르쳐 줍니다. "정신을 차리고 깨어 있도록 하십시오. 여러분의 적대자 악마가 으르렁거리는 사자처럼 누구를 삼킬까 하고 찾아 돌아다닙니다"(1베드 5,8).

시기 질투의 악마적 특성

2. 악마가 우리 한 사람 한 사람을 둘러싸고, 마치 적군이 갇힌 이들을 포위한 채 성벽을 탐색하듯 성벽의 어떤 부분이 덜 튼튼하고 덜 강고하여 그 틈새를 이용해 안으로 침투할 수 있을지 살피고 있습니다. 악마는 환상으로 정결을 무너뜨리려고 매혹적 자태와 끈적한 쾌락을 눈앞에 펼칩니다. 악마는 달콤한 소리로 그리스도인들을 무장해제하고 무력화하기 위해 간드러진 음악으로 귀를 유혹합니다. 말다툼을 일으켜 혀를 곤두세우게 하고, 자극적 모욕으로 파렴치한 살인을 손수 저지르도록 충동질합니다. 사기꾼으로 만들기 위해 불의한 재물을 떠맡깁니다. 돈으로 영혼을 사로잡기 위해 해로운 수익을 던져 줍니다. 천국의 영광을 잃도록 지상의 영예를 약속합니다. 참된 것을 빼돌리기 위해 가짜를 보여 줍니다. 악마는 숨어서 속일 수 없을 때면 노련하게 드

러내 놓고 위협하고, 하느님의 종들에게 승리를 거두기 위해 폭력적 박해의 공포를 퍼뜨립니다. 언제나 쉬지 않고 늘 공격하는 악마는 평화로운 시절에는 교활하고 박해 중에는 난폭합니다.

시기 질투는 자해 행위

3. 사랑하는 형제 여러분, 악마의 모든 교활한 속임수와 공개적 위협에 맞서 무장을 갖춘 준비된 영혼을 지녀야 합니다. 원수가 언제나 공격할 준비가 되어 있는 만큼, 그것을 물리칠 준비를 하고 있어야 합니다. 우리가 알아차리지 못할수록 몰래 공격하는 악마의 화살은 더 잦아지고 더욱 은밀하고 비밀스럽게 발사되어, 우리의 상처는 더 깊어지고 커집니다. 우리는 이런 공격도 염두에 두고 물리칠 수 있도록 깨어 있어야 하겠으니, 그 가운데 시기와 질투라는 악이 있습니다. 시기와 질투에 사로잡히지 않도록 더 주의를 기울이고 더 조심스레 살피는 것보다 그리스도인에게 더 중요한 것이 없다는 사실은 인간의 내면을 들여다보는 사람이라면 깨닫게 될 것입니다. 속임수를 쓰는 원수가 쳐 둔 보이지 않는 올가미에 걸려들어서는 안 됩니다. 형제가 시기심으로

다른 형제를 미워하는 것은 자기도 모르게 제 칼로 자해하는 것입니다. 이 악을 더 잘 이해하고 더 분명하게 꿰뚫어볼 수 있도록 그 원리와 기원을 살펴보도록 합시다. 시기가 어디에서 언제 어떻게 시작되는지 봅시다. 악의 기원과 심각성을 알면 그토록 해로운 악을 더 손쉽게 피할 수 있을 것입니다.

시기 질투의 기원

4. 악마는 세상이 시작되자마자 이 시기심 때문에 최초로 자멸하고 다른 이를 파멸시켰습니다(참조: 묵시 2,10; 12,9; 20,7). 천사의 품위를 자랑스레 여기며 하느님께 환대와 사랑을 받으면서 지내던 그는, 인간이 하느님의 모상대로 창조된 것을 보고는 시기와 사악한 질투에 사로잡혔습니다. 악마는 자기가 먼저 시기심으로 타락한 다음, 다른 이를 시기심의 본능으로 타락시켰습니다. 다른 이를 사로잡기 전에 자기가 먼저 포로가 되었고, 다른 이를 파멸시키기 전에 자기가 먼저 파멸했습니다. 질투심에 북받친 악마는 하느님께서 인간에게 주신 불사불멸의 은총도 빼앗았고, 자신도 전에 누리고 있던 불사불멸을 잃어버렸습니다. 사랑하는 형제 여러

분, 천사를 타락시킨 악이 무엇이며, 그 드높고 찬란한 품위를 싸잡아 뒤엎을 수 있었던 악은 또 무엇이며, 속이는 자 스스로 속아 넘어간 악은 무엇입니까? 그때부터 지상에서는 시기심이 강도질을 하고 있습니다. 질투심으로 파멸하게 될 자는 파멸의 스승을 따라나서고 질투하는 악마를 닮게 되니, "악마의 시기로 세상에 죽음이 들어왔다"(지혜 2,24 참조)고 쓰여 있는 바와 같습니다. 그러므로 악마의 편에 있는 자는 그를 닮습니다.

카인의 시기 질투

5. 그리하여 갓 태어난 형제 안에 최초의 미움이 생겼습니다. 여기서 사악한 친족 살해가 시작되었습니다. 불의한 카인은 의로운 아벨을 시기합니다. 악한 자가 시기와 질투로 선한 사람을 박해합니다(창세 4,8 참조). 경쟁심의 광기는 범죄를 저지를 만큼 엄청납니다. 형제적 사랑도, 크나큰 죄악도, 하느님에 대한 두려움도, 죄벌도 생각지 못하게 할 정도입니다. 처음으로 의로움을 드러냈던 이가 불의하게 억압받았습니다. 미워할 줄 모르던 이가 증오의 대상이 되었습니다. 죽어 가면서도 맞받아치지 않았던 이가 불경하게 살해되었

습니다. 에사우도 자기 형제 야곱의 원수가 되어 시기했습니다(창세 27장 참조). 야곱이 아버지의 축복을 받았기 때문에 에사우는 복수의 증오심에 사로잡힌 채 질투의 불길에 타올랐습니다. 요셉을 그 형제들이 팔아넘겼는데, 팔게 된 원인이 시기심이었습니다(창세 37,11 참조). 요셉이 꿈속에서 자신에게 계시된 번영을 형제로서 형제들에게 단순히 설명했을 따름인데, 그들의 사악한 영혼은 시기심에 폭발했습니다. 결백하고 자비롭고 온유하고 참을성 있는 사람을 거듭 박해하며 죽이려고 할 만큼 사울 임금이 다윗을 미워한 것도 질투의 바늘이 찔러 댄 탓이 아니고 무엇이겠습니까?(1사무 18장 참조). 하느님의 도움과 배려로 골리앗이 죽고 그토록 위험한 원수가 사라지자, 백성은 다윗을 찬미하고 경탄하면서 칭송을 늘어놓았고, 사울은 질투심으로 미친 듯한 광기를 품고 그를 박해했습니다. 이런 사례를 일일이 늘어놓기보다, 한꺼번에 망한 백성의 파멸을 살펴봅시다. 그리스도를 믿지 않고 시기하기로 선택한 유대인들이 이렇게 파멸하지 않았습니까? 그들은 그분께서 행하신 놀라운 일들을 헐뜯으면서 눈먼 질투에 속아 넘어가, 하느님을 알아 뵙는 지식을 향해 마음의 눈을 열 수 없었습니다.

모든 악의 뿌리요 파멸의 원천인 시기 질투

6. 사랑하는 형제 여러분, 우리가 말씀드린 것을 곰곰이 생각하면서, 악의 재앙에 맞서 하느님께 봉헌된 마음을 깨어서 굳건히 지켜 냅시다. 다른 사람들의 죽음이 우리 구원에 도움이 되고, 어리석은 자들이 겪는 벌이 현명한 이들에게 건강을 가져다주기를 빕니다. 그런데 그런 악이 한 종류뿐이라거나, 잠시 동안 좁은 영역에 한정된다고 주장하는 것은 근거가 없습니다. 질투라는 재앙은 수없이 다양하고 널리 뻗어 나갑니다. 시기는 모든 악의 뿌리요 파멸의 원천이며, 죄악의 못자리요 죄의 재료입니다. 거기서 미움이 솟아나고, 적개심이 흘러나옵니다. 다른 사람의 재산을 보면서 자기 것으로 만족하지 못하면, 시기심은 탐욕에 불을 놓습니다. 다른 사람이 영예롭게 보이면 질투는 야심을 자극합니다. 시기심이 우리의 감각을 눈멀게 하고 은밀한 생각이 시기의 힘에 예속되면 하느님에 대한 경외심을 하찮게 여기고, 그리스도의 가르침을 무시하며, 심판 날을 고대하지 않게 됩니다. 교만은 으쓱거리게 하고, 잔인함은 사납게 만들며, 배신은 죄를 저지르게 하고, 참을성 없는 마음은 부들거리게 하며, 불화는 미쳐 날뛰게 하고, 분노는 끓어오르게 만

듭니다. 다른 이의 권력에 예속된 자는 이미 자신을 제어하거나 다스릴 수 없습니다. 이 때문에 주님 평화의 고리가 부서지고, 형제적 사랑에 흠집이 나고, 진리가 오염되고, 일치가 깨집니다. 사제들을 비난하고, 주교들을 시기하고, 자기가 서품되지 못했다고 투덜거리거나 장상에 뽑힌 다른 사람을 자격 없다 여기는 이는 이단과 열교에 빠지고 맙니다. 그러므로 시기심으로 뒷발질하고 반항하는 교만한 자와 질투심에 사로잡힌 고약한 자는 시기와 질투로 말미암아 인간의 원수가 아니라 명예의 원수가 됩니다.

끝없는 시기 질투

7. 생각을 갉아먹는 영혼의 좀은 무엇입니까? 다른 사람이 지닌 덕이나 행복을 시기하는 마음의 녹은 얼마나 독합니까? 예컨대, 어떤 사람 안에 있는 고유한 덕성이나 하느님의 은혜를 증오하는 것은 다른 이의 선을 자신의 악으로 바꿔치기하는 것이고, 유명 인사의 성공에 배 아파하는 것이며, 다른 사람들의 영광을 자신의 형벌로 만드는 셈입니다. 말하자면 사형집행인들을 자기 마음에 채용하고 고문기술자들을 자기 생각과 감정에 데려와서는, 잔인한 고문으로 갈

기갈기 찢고 고약한 발톱으로 마음속 은밀한 곳을 후벼 파게 만드는 것입니다. 그런 자들에게는 음식이 기쁠 리 없고 음료가 즐거울 수 없습니다. 시기하는 자는 늘 탄식하고 신음하며 고통스러워합니다. 시기하는 자들에게서 질투는 사라지는 법이 없고, 그들의 짓눌린 가슴은 밤낮으로 쉴 새 없이 찢어집니다. 다른 악들은 끝이 있고, 어떤 악을 행하든 끝을 보게 마련입니다. 간음자의 경우 음행을 저지르고 나면 범행이 그칩니다. 강도의 경우에는 살인을 저지름으로써 범행이 끝이 납니다. 도둑의 탐욕은 노획물을 손에 넣음으로써 중지되고, 사기꾼은 사기를 치고 나면 잠잠해집니다. 그러나 질투는 끝이 없습니다. 끊임없이 지속되는 악이며 끝이 없는 죄입니다. 시기의 대상이 되는 사람이 더 큰 성공을 누릴수록, 시기하는 사람은 더 큰 질투의 불을 사릅니다.

시기하는 자의 몰골

8. 시기하는 자는 위협적인 얼굴과 험상궂은 모습을 지니고 있으며, 낯은 창백하고, 입술은 파르르 떨고, 이를 갈고, 분노 가득한 말과 고삐 풀린 욕설을 쏟아 내며, 언제든 살인의 폭력을 저지를 수 있는 손을 지니고 있습니다. 당장은 칼을 쥐

고 있지 않다 할지라도 마음은 광기 어린 증오심으로 무장되어 있습니다. 성령께서는 이에 관하여 시편에서 이렇게 말씀하십니다. "제 길에서 잘 걸어가는 이를 시기하지 마라"(시편 37,7 참조). 또 이렇게도 말씀하십니다. "죄인이 의인을 지켜볼 것이며, 그를 향해 자기 이를 갈 것이다. 그러나 하느님께서는 악인을 비웃으시리니, 그의 날이 다가옴을 내다보시기 때문이다"(시편 37,12-13 참조). 복된 사도 바오로도 이를 지적하여 이렇게 말씀하십니다. "그들은 입술 밑에는 살무사의 독을 품고, 그들의 입은 저주와 독설로 가득하다. 그들의 발은 피를 쏟는 일에 재빠르며, 그들의 길에는 파멸과 비참만이 있다. 그들은 평화의 길을 알지 못한다. 그들의 눈에는 하느님에 대한 두려움이 없다"(로마 3,13-18 참조).

치료제 없는 불행인 시기 질투

9. 몸이 칼로 상처를 입는 것은 훨씬 더 가벼운 악이며 더 작은 위험입니다. 보이는 상처는 고치기 쉽고, 드러난 부위는 약을 쓰면 금세 건강해지기 때문입니다. 그러나 시기의 상처는 은밀하고 감추어져 있습니다. 양심의 은신처에서 맹목적 고통을 겪고 있는 악인들은 치료제를 받아들이지 않습니

다. 시기심 많고 사악한 그대가 누구이든, 그대는 그대가 미워하는 이들에게 얼마나 위험하고 해롭고 공격적인지 보십시오. 그대는 어느 누구보다도 그대 구원의 적입니다. 그대가 시기하는 사람은 누구나 그대를 피하고 벗어날 수 있습니다. 그러나 그대는 그대를 피할 수 없습니다. 그대가 어디에 있든, 그대의 적대자가 그대와 함께 있습니다. 적은 언제나 그대의 마음속에 있고 그 안에 파멸이 들어 있으니, 그대는 빠져나올 수 없는 사슬에 매이고 묶인 셈입니다. 그대는 주인 노릇하는 시기심의 노예입니다. 어떤 위로도 그대를 돕지 못합니다. 하느님 은총에 속한 사람을 박해하는 것은 끈질긴 악입니다. 행복한 사람을 미워하는 것은 치료제 없는 불행입니다.

시기 질투에서 벗어나는 길

10. 그러므로 형제 여러분, 주님께서는 이런 위험에 대비하시어 형제에 대한 시기로 죽음의 올가미에 걸리지 않게 하시려고, 제자들이 자기들 가운데 누가 더 큰 사람이냐고 당신께 여쭈었을 때 이렇게 말씀하셨습니다. "너희 모두 가운데 가장 작아지는 사람이 가장 큰 사람이 될 것이다"(루카 9,48

참조). 당신의 대답으로 모든 경쟁심을 제거하시고, 물어뜯는 시기심의 원인과 빌미를 송두리째 잘라 내 없애셨습니다. 그리스도의 제자에게는 시기도 합당하지 않고, 질투도 어울리지 않습니다. 우리에게는 뽐내는 경쟁이 있을 수 없습니다. 우리는 겸손을 통해 최고로 성장하기 때문이며, 우리가 어디에서 즐거워해야 하는지 배웠기 때문입니다. 그래서 바오로 사도는 그리스도의 빛을 받아 밤의 어둠에서 벗어난 우리가 빛의 행동과 실천으로써 걸어가라고 가르치고 권고하면서 이렇게 씁니다. "밤이 물러가고 낮이 가까이 왔습니다. 그러니 어둠의 행실을 벗어 버리고 빛의 갑옷을 입읍시다. 대낮에 품위 있게 걸어갑시다. 흥청대는 술잔치와 만취, 음탕과 방탕, 다툼과 시기 속에 살지 맙시다"(로마 13,12-13 참조). 어둠이 그대 마음에서 멀어졌다면, 밤이 거기서 쫓겨났다면, 짙은 안개가 걷혔다면, 낮의 광채가 그대의 감각을 비추었다면, 빛의 사람이 되기 시작했다면, 그리스도의 것을 행하십시오. 그리스도께서는 빛이요 낮이시기 때문입니다.

형제를 시기하는 자는 살인자

11. 그대는 어찌하여 시기의 어둠 속으로 곤두박질칩니까?

왜 질투의 먹구름으로 그대를 휘감습니까? 왜 눈먼 시기심으로 평화와 사랑의 모든 빛을 꺼 버리는 것입니까? 그대는 왜 끊어 버렸던 악마에게 되돌아갑니까? 왜 그대는 카인을 닮아 갑니까? 자기 형제를 시기하고 미워하는 자는 누구든 살인죄를 저지르는 것이라고 요한 사도는 자신의 서간에서 말합니다. "자기 형제를 미워하는 자는 살인자입니다. 그리고 여러분도 알다시피, 살인자는 아무도 자기 안에 영원한 생명을 지니고 있지 않습니다"(1요한 3,15 참조). 또 이렇게 말합니다. "자기가 빛 속에 있다고 말하면서 자기 형제를 미워하는 사람은 아직도 어둠 속에 있는 자입니다. 그는 어둠 속에서 걸어가면서 자기가 어디로 가는지 모릅니다. 어둠이 그의 눈을 멀게 하였기 때문입니다"(1요한 2,9.11 참조). 자기 형제를 미워하는 사람은 어둠 속에서 걸어가면서 자기가 어디로 가는지 모른다고 합니다. 알지도 못한 채 지옥으로 가고, 그리스도의 빛에서 멀어져 무지몽매하고 눈먼 상태에서 파멸로 치닫습니다. 그리스도께서는 이렇게 권고하십니다. "나는 세상의 빛이다. 나를 따르는 이는 어둠 속을 걷지 않고 생명의 빛을 얻을 것이다"(요한 8,12). 그분의 계명을 실천하고, 그분 가르침의 길을 걸어가고, "그리스도께서 우리를 위하여 고난을 겪으시면서 당신의 발자취를 따르라고 우리에게 본보기를 남겨 주셨습니다"(1베드 2,21 참조)라고 베드로가 권고하고 격려하는 대로 그분의 발자취와 여정을 따라가고, 그리스도께서 가르치시고 행하신 바를 본받는 이야말로 그리스도를 따르는 사람입니다.

시기하는 자는 지닐 수 없는 사랑과 평화

12. 그리스도께서 당신 백성을 어떤 이름으로 부르시고, 어떤 호칭으로 당신 무리를 일컬으시는지 잊어서는 안 됩니다. 그리스도인이 양들과 같은 순진무구함을 지니도록 그분께서는 우리를 양이라 부르십니다(참조: 요한 10,2; 마태 10,16). 그분께서는 그리스도인의 단순한 정신이 어린 양들의 단순한 본성을 닮을 수 있도록 그들을 어린 양이라 부르십니다. 어찌하여 양털 옷 아래 늑대가 숨어 있습니까? 어찌하여 자기가 그리스도인이라고 거짓말하는 자가 그리스도의 양 떼를 모욕합니까? 그리스도의 이름을 사칭하고 그리스도의 길을 통해 나아가지 않는 것은 거룩한 이름을 배반하는 것이며 구원의 여정을 저버리는 것이 아니겠습니까? 당신 계명을 지키는 이라야 생명에 이르고, 당신 말씀을 듣고 실천하

는 이가 지혜롭다고 그리스도 몸소 가르치시고 말씀하셨습니다(참조: 마태 19,17; 7,24; 5,19). 자기가 가르치는 대로 실천하는 사람이 하늘 나라에서 가장 위대한 학자로 불릴 것이라고도 하십니다. 말에 실천이 따르고 말하는 바를 실천해야, 훌륭하고 유익하게 선포된 것들이 복음 선포자에게도 유익할 것입니다. 사실 주님께서 당신 제자들에게 자주 이르신 것과, 구원의 권고와 천상 계명 가운데 더욱 주의 깊게 지키고 보존하라고 명하신 것은 그분께서 당신 제자들을 사랑하신 바로 그 사랑으로 우리도 서로 사랑하라는 것 아니겠습니까?(참조: 마태 5,19; 7,3; 19,19; 22,39-40; 요한 13,14-34; 15,12). 시기심에 사로잡힌 채 평화로운 사람도, 사랑스런 사람도 될 수 없는 자가 어떻게 주님의 평화나 사랑을 지닐 수 있겠습니까?

시기하지 않는 사랑

13. 그래서 바오로 사도도 평화와 사랑의 미덕을 칭송할 때, 사랑의 의무를 온전하고 오롯하게 지키지 않는다면 믿음도, 자선도, 고백자와 순교자의 고통조차도 자신에게 아무 소용이 없다고 강력하게 주장하고 가르치면서 이런 말을 덧붙입니다. "사랑은 너그럽고 친절하고 시기하지 않습니다"(1코

린 13,4 참조). 너그럽고 친절하며 시기 질투와 거리가 먼 사람은 누구나 사랑을 지닐 수 있다는 사실을 가르쳐 주고 증명해 주는 말입니다. 바오로 사도는 다른 대목에서, 성령으로 이미 충만하여 거룩한 탄생으로 하느님의 자녀가 된 사람은 오로지 영적인 것과 하느님의 것만 추구하라고 권고하면서 이렇게 말합니다. "형제 여러분, 여러분에게 이야기할 때, 나는 여러분을 영적이 아니라 육적인 사람, 곧 그리스도 안에서는 어린아이와 같은 사람으로 대할 수밖에 없었습니다. 나는 여러분에게 젖만 먹였을 뿐 단단한 음식은 먹이지 않았습니다. 여러분이 그것을 받아들일 수 없었기 때문입니다. 사실은 지금도 받아들이지 못합니다. 여러분은 아직도 육적인 사람입니다. 여러분 가운데에서 시기와 싸움이 일고 있는데, 여러분을 육적인 사람이 아니라고, 인간의 방식대로 살아가는 사람이 아니라고 할 수 있습니까?"(1코린 3,1-3 참조).

그리스도와 비슷한 모습

14. 사랑하는 형제 여러분, 옛 인간의 삶의 방식으로 되돌아가 치명적 올가미에 걸려들지 않으려면 육적 악습과 죄를 짓부숴야 하고, 지상 물질의 파멸적 재앙을 영적 힘으로 짓

밟아야 합니다. 사도는 섭리와 구원에 따라 이렇게 권고합니다. "그러므로 형제 여러분, 우리는 육에 따라 살지 맙시다. 여러분이 육에 따라 살면 죽을 것입니다. 그러나 성령의 힘으로 몸의 행실을 죽이면 살 것입니다. 하느님의 영의 인도를 받는 이들은 모두 하느님의 자녀입니다"(로마 8,12-14 참조). 우리가 하느님의 자녀라면, 우리가 이미 그분의 성전이 되기 시작했다면, 우리가 이미 성령을 받아 성령에 따라 거룩하고 영적으로 산다면, 우리가 지상에서 천상으로 눈길을 추어올렸다면, 우리가 하느님과 그리스도로 가득한 마음을 천상의 거룩한 선물을 향해 들어 올렸다면 사도가 독려하고 권고하는 바와 같이 하느님과 그리스도께 맞갖은 것만 행하도록 합시다. "여러분은 그리스도와 함께 다시 살아났으니, 저 위에 있는 것을 추구하십시오. 거기에는 그리스도께서 하느님의 오른쪽에 앉아 계십니다. 위에 있는 것을 생각하고 땅에 있는 것은 생각하지 마십시오. 여러분은 이미 죽었고, 여러분의 생명은 그리스도와 함께 하느님 안에 숨겨져 있기 때문입니다. 여러분의 생명이신 그리스도께서 나타나실 때, 여러분도 그분과 함께 영광 속에 나타날 것입니다"(콜로 3,1-4 참조). 우리는 옛 인간의 육적인 죄로 말미암아 세례 안

시기와 질투

에서 죽고 묻혔고 거룩한 새로 남의 세례로 그리스도와 함께 부활하였으니, 바오로 사도가 다시금 가르치고 권고하는 바와 같이, 그리스도의 것을 생각하고 실천합시다. "첫 인간은 땅에서 나와 흙으로 된 사람입니다. 둘째 인간은 하늘에서 왔습니다. 흙으로 된 그 사람이 그러하면 흙으로 된 다른 사람들도 마찬가지입니다. 하늘에 속한 그분께서 그러하시면 하늘에 속한 다른 사람들도 마찬가지입니다. 우리가 흙으로 된 그 사람의 모습을 지녔듯이, 하늘에 속한 그분의 모습도 지니게 될 것입니다"(1코린 15,47-49 참조). 우리가 살아가기 시작한 현실 안에서 그리스도와 비슷한 모습을 보여 주지 않는다면 우리는 천상의 모습을 지닐 수 없습니다.

자비로운 아버지처럼

15. 이처럼 예전에 그대가 살던 방식을 바꾸어 일찍이 그랬던 적이 없는 존재로 살기 시작함으로써, 그대 안에서 세례의 거룩한 탄생이 빛나고, 거룩한 규율은 하느님 아버지께 화답하게 되고, 살아 있는 영광과 찬미를 받으시는 하느님께서는 인간 안에서 빛나시게 될 것입니다. 이는 주님 몸소 다음과 같은 말씀으로 권고하고 경고하시면서 당신을 영

광스럽게 하는 이들에게 상급을 약속하시는 바와 같습니다. "나를 영광스럽게 하는 이들은 나도 그들을 영광스럽게 하지만, 나를 업신여기는 자들은 멸시를 받을 것이다"(1사무 2,30). 우리를 하느님 아버지와 비슷하게 만드심으로써 이 찬란한 영광을 향하여 우리를 빚으시고 마련하신 주 하느님의 아드님께서 당신 복음에서 이렇게 말씀하십니다. "'네 이웃을 사랑해야 한다. 그리고 네 원수는 미워해야 한다'고 이르신 말씀을 너희는 들었다. 그러나 나는 너희에게 말한다. 너희는 원수를 사랑하여라. 그리고 너희를 박해하는 자들을 위하여 기도하여라. 그래야 너희가 하늘에 계신 너희 아버지와 비슷해질 수 있다. 그분께서는 선인에게나 악인에게나 당신의 해가 떠오르게 하시고, 의로운 이에게나 불의한 이에게나 비를 내려 주신다"(마태 5,43-45 참조). 닮은 자녀를 갖는 것이 인간들에게 기쁘고 영예로운 일이고, 자녀가 아버지의 생김새를 쏙 빼닮는 것이 더욱 흐뭇한 일이라면, 어떤 이가 영적으로 태어나 자신의 행실과 찬미로 하느님의 자비를 선포한다면 하느님 아버지께서는 얼마나 더 기뻐하시겠습니까! 하느님께서 그대를 두고 "내가 아들들을 낳고 키웠더니 그들은 도리어 나를 거역하였다"(이사 1,2 참조)라는 말씀을

시기와 질투

107

하지 않으신다면, 그대가 받을 의로움의 종려가지와 화관이 어떠한 것이겠습니까? 그리스도께서 그대를 칭찬하시고 상을 받으라고 초대하시며 이렇게 말씀하시게 하십시오. "내 아버지께 복을 받은 이들아, 와서, 세상 창조 때부터 너희를 위하여 준비된 나라를 차지하여라"(마태 25,34).

다양한 상급

16. 사랑하는 형제 여러분, 우리의 영혼은 이러한 성찰로 힘을 얻어야 하고, 이러한 훈련으로 튼튼해져 악마의 모든 공격에 맞설 수 있어야 합니다. 거룩한 독서에서 손을 떼지 말고, 주님의 생각을 마음으로 느끼며, 멈추는 일 없이 계속 기도하고, 꾸준히 구제 활동을 펼치십시오. 언제나 영적 활동에 헌신함으로써, 원수가 제아무리 틈만 나면 접근하려 애써 본들 우리에게 다가올 때마다 무장된 채 굳게 닫힌 가슴만 볼 수 있게 합시다. 그리스도인의 화관은 박해 때에만 받는 것이 아니기 때문입니다. 평화도 자기 나름의 화관들을 가지고 있으며, 온갖 다양한 전투의 승리자들은 적대자들이 엎어져 굴복할 때 화관을 받습니다. 욕정을 이기면 절제의 종려가지를 받습니다. 분노와 모욕에 맞섰다면 인내의 화관

을 받습니다. 돈을 하찮게 여기는 것은 탐욕에 대한 승리입니다. 세상의 역경을 견디는 것은 훗날을 믿는 신앙의 찬가입니다. 풍요를 누릴 때도 거만하지 않은 이는 겸손에 대한 영광스러운 상급을 받습니다. 가난한 이들에게 따뜻한 자비를 베푸는 이는 천상 보화로 되돌려 받습니다. 질투할 줄 모르고 오롯하고 온유한 마음으로 자기 형제들을 사랑하는 이는 사랑과 평화를 상급으로 받아 영광스러워집니다. 우리가 날마다 달리고 있는 이 덕행의 경기장에서 이 정의의 종려 가지와 화관에 도달하기 위해 쉼 없이 나아갑시다.

사랑의 정화

17. 시기 질투에 사로잡혔던 그대도 이러한 상급들에 다다를 수 있으니, 과거에 집착했던 그 모든 죄악을 떨쳐 버리고 구원의 발자취를 따라 영원한 생명의 길로 옮겨 가십시오. 그대의 가슴에서 가시와 엉겅퀴를 걷어 냄으로써 주님의 씨앗이 풍성한 곡식으로 그대를 풍요롭게 만들고, 거룩한 영적 밭이 풍성한 결실을 거둘 수 있게 하십시오. 뻔뻔스러운 독을 게워 내고, 불화의 병균을 제거하십시오. 뱀의 질투가 감염시킨 정신을 깨끗이 하십시오. 내면에 자리 잡은 온갖

쓰라림을 그리스도의 달콤함으로 달래십시오. 십자가의 성사로 음식을 먹고 음료를 마신다면, 마라에서 달콤한 맛을 내기 위해 형상으로 쓰였던 나무(탈출 15,25 참조)가 그대의 가슴을 달래고 진정시키는 데 실제로 효력을 발휘할 것입니다. 그러면 그대는 건강을 증진시키는 약을 구하느라 고생하지 않아도 될 것입니다. 그대가 상처 입은 곳부터 치료하십시오. 예전에 미워했던 이들을 사랑하고, 부당한 비난으로 그대가 시기했던 이들을 사랑하십시오. 선한 이들을 따를 수 있거든 그들을 본받으십시오. 그들을 따를 수 없거든 적어도 그들과 함께 기뻐하고 그대보다 더 나은 이들을 축하해 주십시오. 그들과 일치된 사랑을 함께 나누는 사람이 되십시오. 사랑의 연대와 형제애의 끈으로 그들의 동료가 되십시오. 그대 자신이 용서하면 그대의 죄도 용서받을 것입니다. 그대가 하느님과 평화를 이룰 때 그대의 제물이 받아들여질 것입니다. 거룩하고 의로운 것들을 생각할 때, 그대의 생각과 행동은 하늘의 인도를 받게 될 것입니다. "사람의 마음이 의로운 것을 생각하게 하면, 하느님께서 그의 발걸음을 이끌어 주시리라"(잠언 15,29 참조)고 하였습니다.

마지막 권고

18. 그대는 생각해야 할 것들이 많습니다. 시기심으로 아우를 죽인 카인은 돌아가지 못하는 낙원을 생각하십시오. 화합하고 마음이 오롯한 이들에게만 주님께서 허락하시는 하늘 나라를 생각하십시오. 평화를 이루는 이들, 하느님 아버지와 또 그리스도와 비슷해지기 위해 거룩한 탄생인 세례와 하느님의 법으로 화답하는 이들만이 하느님의 자녀들로 불릴 수 있음을 생각하십시오. 우리는 하느님의 눈 아래 서 있음을 생각하십시오. 우리를 지켜보시며 심판하시는 하느님과 함께 우리의 대화와 삶의 여정을 꾸려 가고 있음을 생각하십시오. 그리고 훗날 그분을 뵐 수 있게 되리라는 것을 생각하십시오. 지금 우리를 바라보시는 그분을 우리 행실로 기쁘게 해 드린다면, 또 우리가 그분의 은총과 용서를 받기에 합당하다면, 그리하여 천국에서 늘 그분 마음에 들게 될 우리가 이 세상에서 먼저 기쁘게 해 드린다면 말입니다.

해제

1. 키프리아누스[1]의 생애

1.1. 키프리아누스의 회심과 주교 서품

북아프리카 카르타고의 주교 키프리아누스(†258)는 아우구스티누스 이전의 가장 위대한 라틴 교부로 꼽힌다. 열정적 사목자요 순교자인 키프리아누스가 남긴 저술들은 서방 교회에서 두루 읽히며 그리스도교 신학과 영성에 큰 영향을 미쳤다. 그의 저술들은 4세기에 수없이 필사되었고, 키프리아누스의 이름을 빌려 출간된 책들도 수두룩하다.

타스키우스라고도 불리는 카이킬리우스 키프리아누스 Thascius Caecilius Cyprianus[2]의 출생과 어린 시절에 관한 정보는 거의 없다. 다만 3세기 초 카르타고의 비그리스도교 귀족 가문에서 태어나 훌륭한 인문 교육을 받았으리라 짐작할 따름이다.

수사학 교사로 명성을 떨치던 키프리아누스는 카이킬리우스[3] 사제의 영향으로 246년경에 그리스도인이 되었고, 세례를 받으면서 전 재산을 가난한 이들에게 나누어 주었다.[4] 세속 생활에 회의를 느낀 키프리아누스가 그리스도교에 귀의하는 영적 여정은 그의 작품 『도나투스에게』에 생생하게

묘사되어 있다.[5]

너그럽고 겸손한 인품, 빼어난 학식과 성덕을 지닌[6] 키프리아누스는 세례를 받은 지 얼마 되지 않아 사제로 서품되었고, 249년에는 신자들의 열광적 지지 속에 주교가 되었다. 그러나 주교직을 노리던 일부 성직자들은 키프리아누스의 적대자가 되었다.[7]

1.2. 배교자 문제

주교품을 받은 지 얼마 되지 않은 249년 가을, 데키우스 황제(249~251)의 잔인한 박해(249~250)가 일어났다. 그리스도교 수괴로 지목된 키프리아누스 주교는 박해를 피해 숨어 지내며 신자들을 독려하고 공동체를 돌보았다.[8]

박해가 끝나자 카르타고에서는 배교자들lapsi을 교회에 다시 받아들이는 문제로 갈등과 분열이 생겼다. 옥고를 겪다가 풀려난 이른바 고백자들confessores은 교회 공동체에서 커다란 영적 권위를 지니게 되었고, 배교자들에게 평화의 증서libelli pacis를 써 주고 곧바로 성찬에 참석시키는 월권을 저지르기도 했다.

키프리아누스 주교는 뉘우치는 배교자들을 받아들이되,

죽을 위험에 있는 경우를 제외하고는 공적 참회 절차를 거쳐야 한다고 현명하게 주장했지만, 키프리아누스에게 앙심을 품은 펠리키시무스 부제와 노바투스 사제는 몇몇 고백자들을 등에 업고 키프리아누스의 권위에 맞섰다. 이들은 로마로 건너가, 엄격주의를 내세운 대립 교황 노바티아누스와 뭉치기까지 했다.

그러나 키프리아누스는 로마의 주교 코르넬리우스(251~253)와 연대하여 열교에 맞섰으며, 『가톨릭 교회 일치』[9]와 『배교자』를 저술하여 교회 일치를 호소했다(251년 봄). 마침내 251년에 열린 카르타고 교회회의에서 키프리아누스의 제안대로 합의함으로써 배교자 문제는 깔끔히 마무리되었다.

가톨릭 교회는 키프리아누스와 코르넬리우스가 일구어 낸 친교와 일치를 기억하여 "성 고르넬리오 교황과 성 치프리아노 주교 순교자 축일"을 9월 16일에 함께 지낸다.

1.3. 이단과 열교의 재세례 문제

그러나 교회를 큰 분열에 오랫동안 시달리게 만든 불행한 논쟁이 키프리아누스의 생애 말년에 불거졌다. 세상을 떠나기 3년 전인 255년경, 마그누스라는 사람이 키프리아누스

주교에게 편지로 물었다. 이단이나 열교에서 세례를 받은 사람이 가톨릭 교회에 입교할 경우 세례를 다시 베풀어야 하느냐는 것이었다.[10] 키프리아누스는 모든 이단자와 열교자는 참되고 유일한 세례를 가톨릭 교회 안에서 반드시 받아야 한다고 답했다. 키프리아누스는 255년과 256년에 세 차례의 교회회의를 열어 이단자와 열교자가 베푼 세례는 무효하다는 북아프리카 전통을 다시금 확인했다. 그리고 이단과 열교에서 세례를 받은 후 가톨릭 교회에 돌아오는 사람들에게는 다시 세례를 베풀기로 결의했다.[11]

이 사실을 안 로마의 주교 스테파누스(254~257)는 강력히 반발했다. 이단자들이 가톨릭 교회로 개종해 오면 안수만 하여 화해하고 맞아들이는 것이 교회 전통이므로, 다시 세례를 베풀어서는 안 된다는 것이었다. 한마디로 "아무것도 바꾸지 말고 전통만 따를 것"Nihil innovetur nisi quod traditum est[12]을 거듭 주장했다.

로마의 주교 스테파누스와 카르타고의 주교 키프리아누스는 서로 파문을 위협할 지경에 이르렀다. 이 험악한 대립과 갈등을 해결한 것은 박해였다. 발레리아누스 황제(253~260)의 박해로 스테파누스(†257)와 키프리아누스(†258)

가 차례로 순교했기 때문이다.[13]

10년도 채 되지 않는 주교 재임 기간 동안 두 차례의 큰 박해를 견디면서 열정적으로 사목한 키프리아누스는 영웅적으로 순교함으로써 북아프리카에서 가장 사랑받는 순교 성인이 되었다. 258년 9월 14일, "하느님, 감사합니다"[14]라는 마지막 말로 완성된 그의 순교 여정은 『성 키프리아누스 순교 행전』에 간결하게 기록되어 있다.

그러나 재세례 논쟁은 키프리아누스의 죽음으로 끝나지 않았다. 키프리아누스가 원하지는 않았겠지만, 제대로 마무리되지 않은 논쟁은 교회 분열의 불씨가 되었다. 디오클레티아누스 황제의 박해(303~305)가 끝나자마자 북아프리카 교회를 고약하게 찢어 놓은 도나투스 열교schisma donatistarum는 성 키프리아누스를 스승으로 모셨다. 위대한 순교자의 권위와 신학에 기댄 그들은 가톨릭 교회를 배교자와 죄인들의 무리로 몰아붙이며 스스로 거룩하고 의로운 교회라고 내세웠고, 죄인들, 곧 가톨릭 교회가 집전한 성사는 무효하므로 다시 세례를 베풀어야 한다고 우겼다.

교회 밖에서는 성령을 모실 수 없으니 유효한 세례도 구원도 없다는 키프리아누스의 교회론과 성사론의 오류는 건

잡을 수 없이 퍼져 나가고 악용되었다. 특히 재세례 논쟁 과정에서 탄생한 "교회 밖에는 구원이 없다"Salus extra ecclesiam non est[15]라는 키프리아누스의 배타적 명제는 최근까지도 숱한 오해와 논쟁의 원천이 되었다.

밀레비스의 주교 옵타투스와 그의 신학적 원리를 물려받은 아우구스티누스가 교회론과 성사론을 새롭게 정리하기까지 교회는 100년도 넘게 도나투스 열교의 분리주의에 시달려야 했다. 결과적으로는 도나투스 열교의 엄격주의 교회론과 성사론의 핵심 이론을 키프리아누스가 제공한 셈이 되었다. 교회의 안intus과 밖extra/foris을 기계적으로 구분한 배타적 교회론과, 하느님의 선물인 성사에 대한 교회의 권한을 주장한 성사론적 오류는 교회와 성사가 도대체 무엇인지 치열하게 성찰하는 기회가 되었다.

'보이는 교회'ecclesia visibilis 안에는 세례를 통해 들어올 수 있지만, '보이지 않는 교회'ecclesia invisibilis 안에는 오직 사랑을 통해서만 머물 수 있다는 교회론적 진리와, 성사는 인간이나 교회로 말미암아 유효한 것이 아니라 하느님으로 말미암아 유효하며, 성사의 주인은 오직 그리스도이시라는 성사론적 진리는 박해 시대를 힘겹게 살아 낸 키프리아누스의 교

회론과 성사론의 오류와 한계를 통하여 우리 교회가 깨달은 참으로 소중한 진리다.[16]

2. 『선행과 자선』

데키우스 황제(249~251)의 박해가 끝난 지 얼마 지나지 않은 252년에 전염병이 아프리카를 휩쓸었다. 수많은 사람들이 병고와 굶주림으로 죽어 갔다. 북아프리카 교회의 수장이던 키프리아누스는 고난을 겪고 있는 민중과 함께 아파하며 연대할 것을 호소하는 『선행과 자선』을 펴냈다. 선행과 자선은 그리스도인의 근본 덕목이며 절박한 의무임을 상기시키는 이 작품은 라틴 그리스도교 최초의 사회 교리서라고 할 수 있다. 252년에 저술되었다는 것이 통설이다.

특히 이 작품에서는 세례 받은 다음에도 죄를 용서받을 수 있는 새로운 길을 제시한다. 초기 그리스도교의 엄격주의 전통은 세례 뒤의 용서 가능성을 배제하거나[17] 제한적으로만 허용했다.[18] 그러나 키프리아누스는 자선이야말로 탁월한 참회 방법이며 죄를 용서받는 길이라는 사실을 성경의 가르침을 바탕으로 용기 있게 선포했다.

키프리아누스 이전에도 '죄를 없애는 자선'을 다룬 교부 문헌들이 없지 않았으니,『코린토 신자들에게 보낸 둘째 편지』*Epistula secunda ad Corinthios*가 대표적이다.[19] 로마의 주교 클레멘스의 이름을 빌려 2세기에 그리스어로 저술된 이 작품은 자선이 기도와 단식보다 더 탁월한 참회 방식이라고 간략하게 소개하지만, 선행과 자선으로 죄를 용서받을 수도 있다는 사실을 신학적으로 논증한 첫 교부는 키프리아누스다.[20] 훗날 아우구스티누스는 이 주제를 깊이 있게 이어 가면서도, 참회의 합당한 열매 없이 불의한 마몬으로 베푼 자선이 자동으로 죄를 용서해 주지는 않는다는 지적도 빠뜨리지 않았다.[21] 키프리아누스의『선행과 자선』은 고대 교회의 다양한 참회 제도를 연구하는 데 매우 중요한 교부 문헌이다.[22]

3. 『인내의 유익』

키프리아누스는『인내의 유익』에서 하느님의 위대한 인내와 예수 그리스도께서 보여 주신 인내의 모범을 찬양하고, 성조들과 예언자들과 의인들의 인내를 소개한다. 인생살이에서 겪을 수밖에 없는 운명적 고통을 인내의 덕행으로 견디고 이겨 내라고 권고한다.

　이 작품은 키프리아누스가 즐겨 읽었던 테르툴리아누스의 『인내』에서 깊은 영감을 받았으며, 아우구스티누스의 『인내』에도 많은 영향을 주었다. 재세례 논쟁이 한창이던 256년에 쓰였으리라 추정한다.[23]

4. 『시기와 질투』

　『시기와 질투』에서는 모든 악의 근본이며 파멸의 원천인 시기 질투를 파헤친다. 천사도 하느님의 모상으로 창조된 인간을 시기하여 피조물 가운데 최초로 자멸하며 악마로 전락했고, 카인도 시기심 때문에 인류 최초의 살인을 저질렀다는 것이다.[24] 한마디로 시기 질투는 악마가 빚어내는 가장 위험한 해악이며, 교회의 일치와 평화를 깨는 원인이라고 본다.

　데키우스 황제의 박해가 끝나고 배교자들을 받아들이는 과정에서 생긴 분열과 갈등의 뿌리가 시기 질투임을 일깨우는 이 작품은 『가톨릭 교회 일치』, 『주님의 기도』, 『배교자』와 마찬가지로 251년경에 저술되었을 것이다.[25]

해제

5. 편집본

우리말 번역에 사용한 라틴어 편집본은 다음과 같다.

『선행과 자선』

De opere et eleemosynis, M. Simonetti (ed), CCSL (= Corpus Christianorum, Series Latina) 3/A, Turnhout 1976, 52-72.

『인내의 유익』

De bono patientiae, C. Moreschini (ed.), CCSL (= Corpus Christianorum, Series Latina) 3/A, Turnhout 1976, 118-133.

『시기와 질투』

De zelo et livore, M. Simonetti (ed.), CCSL (= Corpus Christianorum, Series Latina) 3/A, Turnhout 1976, 75-86.

6. 현대어 번역

대표적인 현대어 번역본은 다음과 같다.

『선행과 자선』

프랑스어: Cyprien de Carthage, *La Bienfaisance et Les Aumônes,* introduction, texte critique, traduction, notes et index par Michel Poirier, Sources Chrétiennes 440, Paris 1999.

이탈리아어: Cipriano di Cartagine, A. Carpin (tr.), *La beneficenza e le elemosine,* Sources Chrétiennes Edizione Italiana 7, Roma 2009; Opere di San Cipriano, a cura di G. Toso, Torino 1980, 311-330.

영어: *Thascii Caecilii Cypriani De opere et eleemosynis,* A translation with an introduction by E.V. Rebenack, Washington D.C. 1962; *The Fathers of the Church,* R.J. Deferrari (tr.), vol. 36, Washington D.C. 1958, 227-253.

독일어: *Bibliothek der Kirchenväter,* 2. Auflage, J. Baer (tr.), München 1918, 260-284.

『인내의 유익』

프랑스어: Cyprien de Carthage, *La Vertu de Patience*, introduction, traduction et notes de Jena Molager, Sources Chrétiennes 291, Paris 1982, 180-247.

이탈리아어: *Opere di San Cipriano*, a cura di G. Toso, Torino 1980, 337-354.

영어: *The Fathers of the Church*, R.J. Deferrari - G.E. Conway (tr.), vol. 36, Washington D.C. 1958, 263-287.

독일어: *Bibliothek der Kirchenväter*, 2. Auflage, J. Baer (tr.), München 1918, 290-310.

『시기와 질투』

이탈리아어: *Opere di San Cipriano*, a cura di G. Toso, Torino 1980, 361-373.

영어: *The Fathers of the Church*, R.J. Deferrari (tr.), vol. 36, Washington D.C. 1958, 293-308.

독일어: *Bibliothek der Kirchenväter*, 2. Auflage, J. Baer (tr.), München 1918, 334-344.

7. 더 읽을거리

치쁘리아누스『도나뚜스에게』이형우 역주, 교부 문헌 총서 1, 분도출판사 1987, 29-55.

치쁘리아누스『가톨릭 교회 일치』이형우 역주, 교부 문헌 총서 1, 분도출판사 1987, 57-107.

치쁘리아누스『주의 기도문』이형우 역주, 교부 문헌 총서 1, 분도출판사 1987, 109-163.

이형우, "치프리아노",『가톨릭대사전』11(2005), 8338-8341.

최원오, "치프리아누스",『내가 사랑한 교부들』분도출판사 2005, 136-139.

최원오, "치프리아누스 바로 보기",『鄭達龍 敎授 神父 停年退任 記念 論叢. 神·世界·人間』분도출판사 2004, 241-281.

『선행과 자선』

1 라틴어 원문은 코르반corban이며, 예물이라는 뜻의 히브리어이지만(마르 7,11 참조), 키프리아누스가 이 대목에서 사용한 코르반의 의미는 '가난한 이들을 위한 헌금함'이라는 것이 통설이다. 참조: Cyprien de Carthage, *La bienfaisance et les aumônes*, M. Poirier(ed.), Sources Chrétiennes 440, Paris 1999, 178-182; Cipriano di Cartagine, *La beneficenza e le elemosine*, M. Poirier(ed.), Roma 2009, 168-173.

2 라틴어 원문 '주님의 예식'dominicum은 성찬례eucharistia를 일컫는다.

3 키프리아누스가 사용한 라틴어 본문에는 "콰드란스 두 닢"duos quadrantes이라고 되어 있지만, 그리스어 신약성경(마르 12,42)에 따르면 렙톤 두 닢, 곧 콰드란스 한 닢이다.

4 바오로도 '동료 종'conservus이라는 표현을 사용한 바 있지만(콜로 1,7 참조), 논리적 모순에 대한 명쾌한 해석이 어려운 대목이다. 참조: Cipriano di Cartagine, *La beneficenza e le elemosine*, M. Poirier(ed.), Roma 2009, 182.

5 그리스어 성경 칠십인역의 열왕기 제3권은 히브리어 성경의 열왕기 상권에 해당한다.

6 칠십인역(1열왕 17,13)에서는 '자식들'이라고 하지만, 히브리어 성경 마소라 본문에는 '아들'이다.

7 성경에 따르면 과부는 엘리야를 만나기 전에는 빵을 굽기 위해 땔감을 모으고 있었을 따름이다. 아마도 기억에 의존하여 성경을 인용하던 키프리아누스의 집필 방식이 빚어낸 사소한 착오일 것이다.

8 토빗의 덕행을 본보기로 내세워 부자들의 탐욕과 이자놀이의 죄악을 꾸짖는 대표적 교부 문헌은 암브로시우스의 『토빗 이야기』(교부 문헌 총서 24, 최원오

역주, 분도출판사 2016)다.

『인내의 유익』

1 옷 따위를 하찮게 여기며 반벌거숭이로 살던 철학자들, 곧 견유학파(犬儒學派, cynici)를 가리킨다. 참조: Cyprien de Carthage, *A Donat et La vertu de patience*, J. Molager(ed.), Sources Chrétiennes, Paris 1982, 185.

2 '하느님과 비슷한 모습'의 라틴어 직역은 '신적 유사성'similitudo divina이다. 오리게네스는 모상imago과 유사성similitudo을 다음과 같이 구별한다. "인간은 첫 창조에서 하느님 모상(模像, imago)의 품위를 받은 반면, 하느님과 비슷해지는 완전함(類似性, similitudo)은 완성 때까지 유보되었다"(오리게네스 『원리론』 3,6,1).

3 한국천주교주교회의 『성경』 번역은 "우리는 보이지 않는 것을 희망하기에 인내심을 가지고 기다립니다"다.

4 "교회 밖에는 구원이 없다"(Salus extra ecclesiam non est: 『편지』 73,21,2)는 명제로 교회의 안(intus)과 밖(extra/foris)을 분명하게 구분하던 키프리아누스의 배타적 교회론의 원리가 엿보이는 대목이다. 하느님 사랑의 보편성을 소개하는 『인내의 유익』 제4장의 논리와 충돌하는 이 주장은 얼마 뒤 도나투스 열교의 좋은 먹잇감이 되었고, 오랜 분열과 논쟁 끝에 아우구스티누스를 통해 비로소 깔끔하게 정리된다.

해제

1 가톨릭에서는 '치프리아노'라고 부르지만(한국천주교주교회의 『천주교 용어집』 한국천주교중앙협의회 2017 참조), 키프리안, 시프리안 등으로 저마다 달리 표기하는 학문적 관행을 바로잡고 통일하기 위해 한국교부학연구회는 고전 라틴어를 음역 표준으로 삼아 키프리아누스라고 적는다(한국교부학연구회 『교부학 인명 · 지명 용례집』 분도출판사 2008 참조).

2 참조: 키프리아누스『편지』66;『성 키프리아누스 순교 행전』3.

3 키프리아누스는 자신의 이름에 카이킬리우스라고 덧붙일 만큼 이 사제를 존경했다. 참조: 히에로니무스『명인록』67.

4 참조: 히에로니무스『명인록』67.

5 참조: 키프리아누스『도나투스에게』이형우 역주, 교부 문헌 총서 1, 분도출판사 1987, 29-55.

6 참조: 키프리아누스『편지』77.

7 참조: 폰티우스『키프리아누스의 생애』5,2-4.

8 참조: 키프리아누스『편지』20.

9 참조: 키프리아누스『가톨릭 교회 일치』이형우 역주, 교부 문헌 총서 1, 분도출판사 1987, 57-107.

10 참조: 키프리아누스『편지』69,1.

11 참조: 키프리아누스『편지』70; 72.

12 키프리아누스『편지』74,2,2.

13 참조: 폰티우스『키프리아누스의 생애』14,17; 키프리아누스『편지』80.

14 『성 키프리아누스 순교 행전』4,3.

15 『편지』73,21,2.

16 참조: 키프리아누스의 성사론과 교회론에 관해서는 최원오, "치프리아누스 바로 보기",『鄭達龍 敎授 神父 停年退任 記念 論叢. 神·世界·人間』분도출판사 2004, 241-281.

17 참조: 히브 6,4-6; 10,26-31; 12,15-17; 1요한 5,16.

18 참조: 헤르마스『목자』계명 4,3,1-6; 테르툴리아누스『참회론』7,10. "세례 받은 뒤 지은 죄의 용서"에 관해서는 참조: 다스만『교회사 I』하성수 옮김, 분도출판사 2007, 304-328.

19 위-클레멘스『코린토 신자들에게 보낸 둘째 편지』16,4: "자선은 죄에 대한 참회로 좋습니다. 단식은 기도보다 더 좋고, 자선은 단식과 기도보다 더 좋습니다. 사랑은 많은 죄를 덮어 주고, 선한 양심으로 바치는 기도는 죽음을 멀리합니다"(하성수 옮김). 참조: 폴리카르푸스『필리피 신자들에게 보낸 편지』10.

20 참조: 키프리아누스『선행과 자선』;『배교자』35;『편지』55,22,1.

21 참조: 아우구스티누스『신국론』21,27; A. Fitzgerald, *Augustine through the Ages*, Cambridge 1999, 559.

22 참조: Cipriano di Cartagine, A. Carpin (tr.), *La beneficenza e le elemosine*, Sources Chrétiennes Edizione Italiana 7, Roma 2009, 92-96.

23 참조: 키프리아누스『편지』73,26.

24 참조: 키프리아누스『시기와 질투』4-5.

25 참조: "Cipriano di Cartagine", in *Nuovo Dizionario Patristico e Di Antichità Cristiane*, vol. 1, Milano 2006, 1029.

교부 문헌 목록

『성 키프리아누스 순교 행전』*Acta proconsularia sancti Cypriani*

아우구스티누스『신국론』*De civitate Dei*

아우구스티누스『인내』*De patientia*

오리게네스『원리론』*De principiis*

위-클레멘스『코린토 신자들에게 보낸 둘째 편지』*Epistula secunda ad Corinthios*

키프리아누스『가톨릭 교회 일치』*De cathoicae ecclesiae unitate*

키프리아누스『도나투스에게』*Ad Donatum*

키프리아누스『배교자』*De lapsis*

키프리아누스『선행과 자선』*De opere et eleemosynis*

키프리아누스『시기와 질투』*De zelo et livore*

키프리아누스『인내의 유익』*De bono patientiae*

키프리아누스『주님의 기도』*De dominica oratione*

키프리아누스『편지』*Epistula*

테르툴리아누스『인내』*De patientia*

테르툴리아누스『참회론』*De paenitentia*

폰티우스『키프리아누스의 생애』*Vita Cypriani*

폴리카르푸스『필리피 신자들에게 보낸 편지』*Epistula ad Philippenses*

헤르마스『목자』*Pastor*

히에로니무스『명인록』*De viris illustribus*

주제어 색인

성경 색인

성경 색인

성경 색인